方天龍實戰秘笈 ②

你的股票
買賣時機
精準嗎？

目錄

目錄

交易時機比選股更重要！

人入中年之後，很少運動。筆者有一次為了健身，和大學時期老同學相約打籃球。在全場跑跳的過程中，我那位從小就喜歡籃球的「死黨」更是生龍活虎，尤其特別喜歡跳起來投籃。經我一問，他才告訴我，這是籃球高手都知道的秘笈——「球的出手點高，命中率也相對較高。」

後來，他就教我練習用力往上跳，跳到自己最大可能的高度，同時把球放在頭前，將球投出。他說，這樣就可以讓投籃時的「出手點」高，命中率也較高。然而，這個動作說來簡單做來難，因為你起跳的力量幾乎全用在投籃上，首先雙腿的彈力要夠，才跳得高；其次，投籃的姿勢要好，才投得準。美國 NBA 的籃球高手無不如此！

每個行業的選手都有其 know-how，股市

高手在操盤時也有其獨門秘招，是與一般投資新手不一樣的。例如：「買高賣更高」便違反了我們「買低賣高」的投資交易原則；又如「跌時不攤平」，這也不合乎降低成本的經濟效益法則；又如法人「追高殺低」的操作策略，也與散戶「見漲便追、見跌就怕」的隨波浮沉大不相同。又如：是「逆向思考」對呢？還是「順勢而為」才對？為什麼有時兩種作為都有可能是「對的」，那豈不矛盾？

沒錯，股市就是這麼奇怪！因人而異、因材施教、因時制宜、因地制宜，才能無往不利。

簡單地說，要抓住股市的脈動、迎合行情的節拍，短線投資人和長線投資人做法未必相同；作多的人和作空的人，方向可能完全相反；資深的高手和初涉股市的新手，思維必然不同。

那麼什麼才是正確的呢？所謂「黑貓、白貓，能抓老鼠的就是好貓」；誰能成為贏家，誰就是「王道」！

輸家最需要向贏家學習的就是「贏家的思維」。因為同樣一檔「明牌」在手，贏家可能賺了又賺、開懷大笑；輸家可能小賺大賠、怨聲載道。在這兩者之間，差異就在「出手點」，也就是「買賣時機」！

有一句名言：「該出手時就出手，該出馬時就出馬。」意指要懂得抓住時機、把握機會，有好的機會就要迅速出手。一定要堅決，不能猶豫。相反的，不該出手時也別隨便出手，否則就容易被短套或長套。被套的感覺，不僅考驗當事人的耐性，更折損了當事人的心情格調、生活品質！

筆者的股市思維，特別強調「觀念」。如果不是「觀念」重要，散戶新手也不必看書了。筆者在《放空賺更多》一書中說過一個笑話：有人問一位千萬富翁的炒股秘訣，他支支吾吾了半天才說出來……「其實也沒啥秘訣，因為……我以前是個億萬富翁！」

投資人只要拿大把大把的銀子去買經驗，二、三十年下來撞得頭破血流，就知道怎麼「玩股票」，而不是「被股票玩」了。

但是，人的一生有幾個二、三十年呢？所以直接向高手學習比較快，可以節省魯莽衝撞的光陰，這就等於增長了壽命。而向高手學習，最重要的是學什麼呢？學習他的贏家思維，而不是贏家動作！如果不懂得贏家動作的內涵，就只不過是「東施效顰」而已，不但不美，還會被當笑話看待！

　　所以，筆者在「方天龍實戰秘笈①」《你的選股夠犀利嗎？》一書中，就說過：研判能力高於掌握籌碼細節。擁有最專業的股票軟體、知道籌碼細節，只要是投顧老師或有錢人都辦得到，但是要成為贏家還必須有一套最犀利的工具，那就是「研判能力」。它才是股市的不傳之秘、高手致勝的武器！

　　在本書中，筆者要進一步提醒股市新手：買賣時機的重要性也高於選定飆股明牌。

　　為什麼呢？因為所謂明牌，有可能是向上飆，也有可能是向下飆！向上飆夠了的股票，說不定就向下飆了；向下飆夠了的股票，說不定又向上飆了。能賺錢或會賠錢，關鍵在於你是什麼時候買賣這一檔股票的。

在美國向伊拉克宣戰的那段時間裡。阿富汗高原上的一對小兄妹，原本毫無生存機會。如果有，也是要碰運氣的。是生是死，機會各半。他們沒有父母，雖然不識字，雖然沒電視看，雖然沒收音機聽，但也知道當時正在打仗，大人口中的「邪惡美國」派飛機來轟炸自己的神聖家園。可是，窮困的小兄妹沒有心情在山洞裡玩捉迷藏，他們只想吃飯。

是炸彈的話，當然要逃跑；是食物的話，就要飛快地衝過去，因為只要手腳慢一點，食物就會被其他人搶光。可是，有些人卻因誤以為是空投食物而衝向飛機，結果就被炸

個血肉橫飛了。

美國的飛機也真奇怪，有些會掉下殺死人的炸彈，有些卻會掉下讓人飽餐的食物；一時禍從天降，一時天官賜福，說不得準，機率各一半。這是戰爭中最無奈的事了。所以，判斷敵機的來意，格外重要。它足以決定自己的生與死。

　　股票的事也是如此，選對了時機買進，可能是天官賜福、坐以待幣；選錯了買進時機，可能就會禍從天降、坐以待斃了！其中，當然有一小部分的運氣成分，但是依我近期的研究結果，運氣的成分越來越小了。在股市大多頭時期，選對的時機買進比賣對時機更重要！尤其在底部區買進，完全不必考慮賣出時機，只是賺多賺少的問題而已。

　　感謝越來越多的股市老手來信給我謬賞，越來越多受到啟發的散戶新人大方地買下了我全套的著作。我一定竭盡心力為您解惑。最後還是強調一句：用匿名信來函的恕不回覆，因為我是真心要幫助你的，我們也都是要用真金白銀去與股市搏鬥的。如果我用到您信中的問

題，作為寫書的素材，那是為了更真實貼近市場需求。我保證不會透露您個人的基本資料，請放心吧！筆者非常尊重每一位讀者，不管您是大戶還是菜鳥，請相見以誠！

　　歡迎您繼續來信切磋切磋。謝謝！

方天龍

方天龍信箱：kissbook@sina.com

方天龍 blog：http://blog.sina.com.cn/tinlung8

恆兆文化資訊網：http://www.book2000.com.tw/

期貨超入門系列

期貨超入門①：台指期當沖　　定價299元

期貨超入門②：台指期籌碼　　定價299元

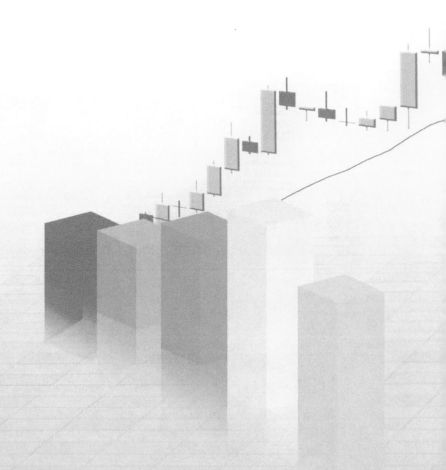

Chapter 1

買進股票
精準時機

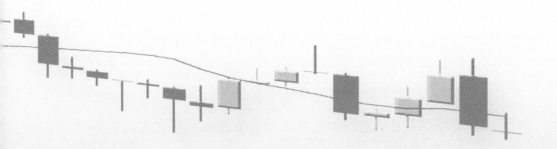

▶Point 01 對的時機，才有對的股票

有人說：「情場如戰場。」那麼股市投資，究竟是像「情場」，還是「戰場」？

不錯，有人回答了：「不要和股票談戀愛。」談戀愛是要感性、講究浪漫情調的，越不現實的人越容易成功；而股市是理性的，如果不能汰弱存強、當機立斷，往往不能成大事。選股狠、穩、準，不斷追逐強勢股、見股票轉弱說甩就甩，才是贏家的手段。所以，這樣看來，我們可不能把股市當成「情場」，而要視為「戰場」。如果用情場那一套，在股市永遠是輸家！

一個男人自殺後去見上帝。

上帝問：「孩子，你為什麼要自殺啊？」

男人說：「我追求一個女子，但是她說我沒有高大英俊的身材和相貌，所以我被拒絕了。」

上帝若有所思的點點頭說：「這倒是。在愛情裏面視覺效果是很重要的。這樣吧，我給你一副舉世無雙的漂亮外貌，你現在回去追求你的幸福吧！」

說完，上帝念起了咒語，只聽「嗖」的一聲，男人走了。

一個星期後，男人又第二次自殺回來，見到了上帝。

上帝問：「孩子，你為什麼又要自殺啊？」

男人痛苦地說：「我回去以後，那個女子說，雖然我長得很帥，但是我一點都不了解她。我又被拒絕了。」

上帝理解地點點頭：「當然了！如果不了解一個人，怎麼可能知道如何給她幸福呢？這樣吧，我給你超人的洞察力和善體人意的判斷力，你回去追求你的幸福吧！」

說完，上帝念起了咒語，只聽「嗖」的一聲，男人又走了。

一個星期後，男人又回來了，那是第三次自殺啦！上帝很驚訝地問：「孩子，你為什麼又自殺了啊？」

男人很痛苦地說：「我回去以後，雖然變得很帥了，也很了解她，但她說她早已經把自己的身體和靈魂，都獻給另外一個男人了。」

　　在「對的時機」遇到「對的人」，幸福才會敲我們的門；在「不對的時機」即使碰到「對的人」，常常是遺憾終生。

　　選擇一檔好的股票固然很重要，但是如果時機點不對，就會像故事中的男人一樣，到最後還是不能如願以償。所以選擇股票重要呢？還是選擇買賣時機重要？先選定好股票就買進呢？還是等某股票有了最好的時機才選擇她？這當然要看你是「長期投資」還是「短線買賣」？目的不同，方法也可能不一樣，所以在讀了筆者的《你的選股夠犀利嗎？》一書之後，我們必須立刻進階地研究一下，如何透過買賣時機的選定，進一步從這樣的「投資策略」中選擇夠犀利的股票。

事實上，選對適合的買賣時機，你看中的股票可說「臨陣磨槍，不亮也光」！成功機率是很高的。

▶ Point 02 錯的時機，看對了也抱不長

投資股票就是為了獲利賺錢。即使你抱定長期投資的心理，也不能不看清楚買賣的時點，絕對不是「不看盤，獲利更簡單」的事。

有一位朋友野心不大，他投資股票只想「求穩」，也就是說他把錢拿來買所謂「定存股」。

去年（2011 年）7 月 20 日，他相中了「中華電」（2412），以當天的次高價 110 元買下股票，他說「行動電話、網際網路及通信加值業務，是熱門行業，而且中華電信怎麼可能倒閉！從籌碼來看，董監持股和外資持股加起來就有五、六成的比例，股價也一路向上。幹嗎還要選股？長期抱下去就行了呀！」當時，他的信心滿滿，還吟唱了一句前財政部長王建煊的「手上有股票，心中無股價」的名句。

不料，長抱了九個月，到 2012 年 4 月 19 日為止，股價已經跌到 88.3 元了。顯然前財政部長郭婉容的名句「股票不賣，就不會賠」，也不怎麼對。他近日正在考慮要不要停損出場呢！可見得一檔再好的股票，如果選錯了買進的時間點，一定會重挫到持股者的信心，同時動搖了長抱的決心！

圖 1-1 （圖片資料來源：XQ 全球贏家）

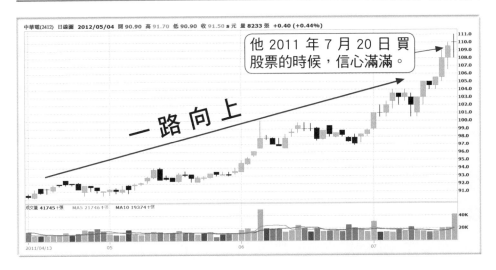

圖 1-2 （圖片資料來源：XQ 全球贏家）

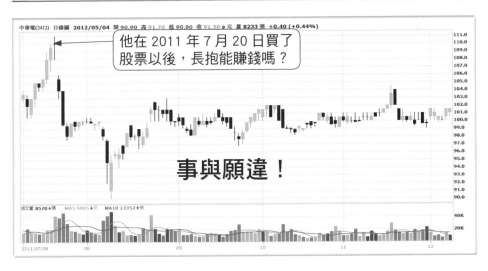

▶ Point 03　SMA5 大於 SMA240，犀利的好買點

我不曉得朋友為何把「中華電」視為「定存股」，也許是因為它都沒什麼漲吧，於是美其名為比定存好賺一點的「定存股」。事實上，在圖 1-1 中，我們從 2011 年 7 月 20 日當事人買股票的那一天，往回頭看，這檔股票確實表現不錯，它的線型是一路上漲的，也難怪他信心滿滿。但是，再換一張繼續發展下去的日線圖——圖 1-2，我們就可以知道，他買了「中華電」之後的結果是：事與願違，後悔不已！

筆者在《你的選股夠犀利嗎？》一書第 178 頁，曾經提到「股息殖率利」，「股息殖利率」，簡單地說，就是用類似存款計算利息的方式，幫你算一算，這家公司發放的現金股息跟銀行利率相比，划不划算，計算的公式是：

$$每股現金股利 \div 每股市價（或買進成本）＝股息殖利率$$

筆者說過，如果殖利率低於定存 2 倍以上，就不值得考慮。因為按照過去幾年的情況，台股股息殖利率的標準值大約是 4%，以這樣的標準來看，名列「高股息」概念股的，往往要有 6%、甚至 8%以上的水準。尤其現在處於低利率環境，1 年期定存的利率水準連 2%

都不到，因而凡是高於定存 2 倍、甚至 3 倍以上的高股息殖利率股，特別受到投資人青睞。一般有高股息的個股多以傳產業為主，這些傳產公司獲利穩定，比較適合穩健型的投資人買進長抱。

現在，我們以以 2012 年 4 月 19 日星期四盤後統計出來的數字，輸入股票專業軟體的「條件」設定，得到「殖利率排行榜前十名」的股票，請見表 1-1。

表 1-1　2011 年度殖利率排行榜

名次	股票名稱	代碼	殖利率(%)	現金股利	盈餘配股	收盤價	扣抵比率(%)
1.	國統	8936	12.33%	1.25	2.75	32.45	7.65%
2.	捷波	6161	12.06%	0.3	1.4	14.10	
3.	華票	2820	11.86%	1.5	0	12.65	5.68%
4.	潤隆	1808	11.71%	5	0	42.70	
5.	中石化	1314	10.97%	1.75	1.75	31.90	19.44%
6.	日揚	6208	10.83%	1.5	0	13.85	15.26%
7.	總太	3056	10.81%	1	2	27.75	3.58%
8.	漢唐	2404	10.68%	3	0	28.10	18.61%
9.	亞昕	5213	10.66%	1.25	1.25	23.45	0.82%
10.	炎洲	4306	10.62%	1	2	28.25	2.03%

▶ Point　*04*　**殖利率排行榜，犀利的選股標的**

2011 年度殖利率排行榜中的第一名的「國統」（8936），是屬於上櫃公司股票的「其他」類股。它是一檔水資源概念股，也是台灣水泥指標之一。股本 13.55 億元，算得上是小型股。

假設我們將「國統」（8936）股票作為「定存股」來投資，那麼什麼時候是最好的買進時機呢？看圖 1-3，可知圖中標示的 2006 年 12 月 26 日（收盤 8.3 元），就是一個長線的好買點。用比較專業的術語來說，就是「SMA5 大於 SMA240，就是長線好買點」。

　　看看「國統」從 2006 年 12 月 26 日的收盤 8.3 元，到 2007 年 4 月 25 日的最高點 25 元，就已經有三倍多的漲幅。可見找這樣的長線買點，其實也是很犀利的。哪裡只是「定存股」而已！

　　筆者曾經請教過一位比我資深的民間高手，他認為「依十年線買進」是最好的方式。也就是說，依股價十年的平均線買進。

　　他解釋說，我們的加權指數在幾十年來，至少有五、六次跌破十年線的紀錄。每次跌破之後，就離底部不遠了，而且每次都有很大的漲升空間。漲幅至少六成以上，多則兩、三倍。所以，從長期的觀點來看，在股價跌破十年線後買進，絕對錯不了！

　　他說的是不錯，筆者也沒有異議。不過，筆者認為我提供的「SMA5 大於 SMA240，就是長線好買點」投資策略，似乎較具「積極性」。讀者看本篇所舉的實例就知道，固然我們是以「長期投資」的心情找股票，可是這樣犀利的選擇「買進時機」反而是最「短期獲利」了。

　　其次，我為什麼認為「跌破十年線」的買點抉擇，是消極的呢？因為：一來，跌破十年線的機率，必須等得「老樹發芽」；二來，這樣的買點也不容易找，尤其在某些股票專業軟體上也有無能為力

之處；三來，通常長期投資多以半年為期，作一次檢討為宜；一旦發現股價不動或跌太多，難免會重挫到我們的持股信心、動搖我們長抱股票的決心。所以，要想立竿見影，仍以我說的「SMA5 大於 SMA240，就是長線好買點」較容易見到成果。

圖 1-3　SMA5 大於 SMA240，就是長線好賣點　　　　　（圖片資料來源：XQ 全球贏家）

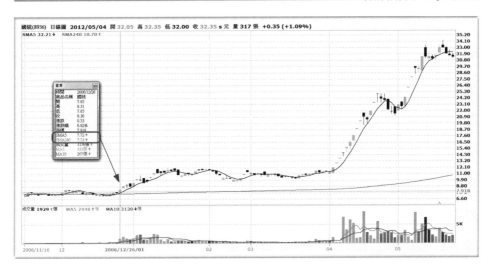

我們再舉「2011 年度殖利率排行榜」第二名的「捷波」（6161）為例，這是一檔上櫃公司的電子股、3D 顯示概念股，也是台灣主機板的指標之一。它的股本是 10.39 億元，籌碼非常集中。

根據筆者的說法，我們找出了這檔股票的日線圖，發現它長期都在年線之下，相信長期投資的人很難獲利。可是，來到了今年的 1 月 9 日，卻是一個大好的「買進機會」。我們看看圖 1-4，便可以發現這一天「捷波」的 SMA5（12.81）大於 SMA240（12.73）了！這一

天的股價收盤是 13.4 元，當天只漲 0.05 元，並非漲停板，懂得在這一天買進的人應該不多。今後您學到這一招，就是高手了！幾百元的書款算什麼，很快就賺回幾百倍了！您看，當您懂得在 2012 年 1 月 9 日買進這檔股票時，沒抱多久就來到 17 元了。距離 13.4 元，已有 26.86% 價差，不好嗎？

　　2012 年 3 月 29 日，「捷波」來到 17 元之處，怎麼知道該賣了呢？很簡單，「量大不漲」啊！2012 年 1 月 9 日我們買進時的成交量是 1614 張，而當股價已經漲了一段時間之後，2012 年 3 月 29 日的成交量竟然爆出 3843 張了，股價還跌，難道還不該賣嗎？再說，從其他的指標也都可以看出，這一天的賣點是非常明顯的。例如當天它的 RSI 和 KD 值都已雙雙死亡交叉了，更證明是極佳的賣點，甚至是明顯的「放空點」！

圖 1-4　SMA5 大於 SMA240，就是長線好賣點 　　　　　　　　　　　（圖片資料來源：XQ 全球贏家）

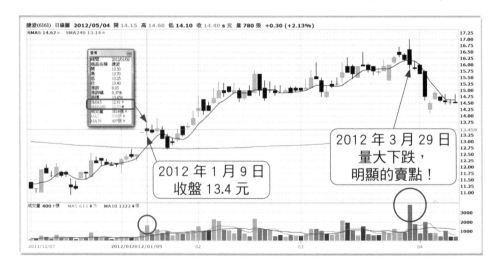

我們再以第三名的「華票」（2820）為例。它是一檔上市公司的金融保險類股，也是黃金十年概念股、金融期權值股。股本134.30億，是大型股了。那它最近適合進場的時點在哪裡呢？

　　請看圖1-5，從「華票」的日線圖，我們可以看到2012年2月1日是「華票」近期的最佳買點。當天它的SMA5（10.56）大於SMA240（10.5），所以這一天買進，相當不錯，收盤是10.75元。才沒過幾天，到了2012年3月21日，高點已來到13.25元了。距離10.75元的買進點，已有23.25%的漲幅。

　　至於2012年3月21日為什麼知道高點已近？因為漲幅已大。其次，如果你看這一天之後，連續四天都沒再見到高點了，同時還出現「三隻烏鴉」的線型，當然已表示「可以賣了」。

圖 1-5　　2012 年 2 月 1 日 SMA5 大於 SMA240 是最佳買點　　（圖片資料來源：XQ 全球贏家）

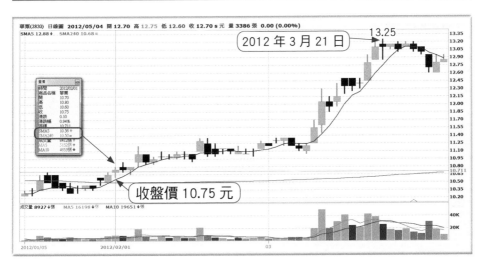

我們再以第四名的「潤隆」（1808）為例。它是一檔上市公司的營建類股，也是縣市升格概念股、台灣營建指標之一。股本13.65億，算是小型股。何時是它最近適合進場的時點呢？

　　請看圖1-6，從「潤隆」的日線圖，我們可以看到2012年2月3日是「潤隆」近期的最佳買點。當天它的SMA5（29.82）大於SMA240（29.7），所以這一天買進，非常理想，收盤是29.8元。才沒過幾天，到了2012年3月22日，高點已來到47.6元了。距離29.8元的買進點，已有59.73%的漲幅。相當划算的好買賣呀！

　　至於2012年3月21日為什麼知道高點已近？因為漲幅已大。其次，如果你看這一天之後，連續四天都沒再見到高點了，同時還出現「三隻烏鴉」的線型，當然已表示「可以賣了」。理由和「華票」差不多。

圖 1-6　2012 年 2 月 3 日 SMA5 大於 SMA240 是最佳買點　（圖片資料來源：XQ 全球贏家）

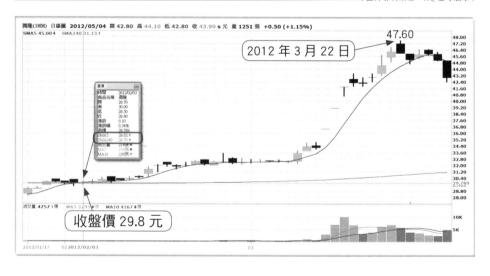

第五名的「中石化」（1314），是一檔上市公司的塑膠類股，是隸屬於「威京集團」的 ECFA 概念股、台灣營建指標之一。股本197.45 億，雖然是大型股，但當有人炒作時，也常常是帶量滾動的熱門股。何時是它最近適合進場的時點呢？

　　請看圖 1-7，從「中石化」的日線圖，我們可以看到 2009 年 5 月 19 日是「中石化」近期的最佳買點。當天它的 SMA5（8.99）大於 SMA240（8.72），所以這一天買進，非常理想，收盤是 9.3 元。到了 2011 年 8 月 2 日，高點已來到 48.5 元了。距離 9.3 元的買進點，已有 5.21 倍的漲幅。相當驚人呀！

　　在底部買進，未必一定要買在 4.98 元的最低點，但這種買進點的選擇，是非常可靠的低點。

圖 1-7　2009 年 5 月 19 日 SMA5 大於 SMA240 是最佳買點　（圖片資料來源：XQ 全球贏家）

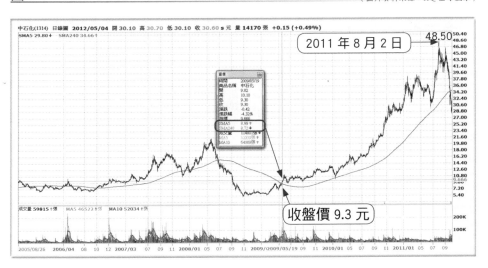

第六名的「日揚」（6208），是一檔上櫃公司的電子類股，所屬產業是包括印刷電路板、IC 製造封裝測試、LED、面板等的設備儀器廠商。股本 11.51 億，標準的小型股。何時是它最近適合進場的時點呢？

請看圖 1-8，從「日揚」的日線圖，我們可以看到 2010 年 12 月 3 日是「日揚」近期的最佳買點。當天它的 SMA5（13.37）大於 SMA240（13.34），所以這一天買進，非常理想，收盤是 13.95 元。到了 2011 年 3 月 1 日，高點已來到 17.4 元了。距離 13.95 元的買進點，已有 24.73% 的漲幅。

圖 1-8　2010 年 12 月 3 日 SMA5 大於 SMA240 是最佳買點　（圖片資料來源：XQ 全球贏家）

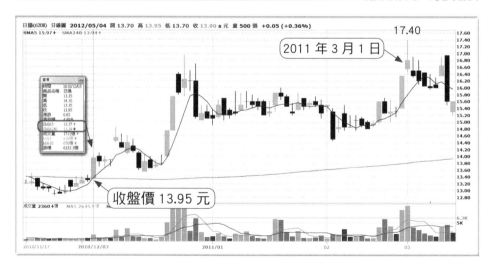

第七名的「總太」（3056），是一檔上市公司的「營造建材」類股。股本 11.02 億，標準的小型股。何時是它最近適合進場的時點呢？

　　請看圖 1-9，從「總太」的日線圖，我們可以看到 2012 年 2 月 6 日是「總太」近期的最佳買點。當天它的 SMA5（23.64）大於 SMA240（23.14），所以這一天買進，非常理想，收盤是 23.9 元。到了 2012 年 3 月 16 日，高點已來到 34.25 元了。距離 23.9 元的買進點，已有 43.3% 的漲幅。

圖 1-9　2012 年 2 月 6 日 SMA5 大於 SMA240 是最佳買點　（圖片資料來源：XQ 全球贏家）

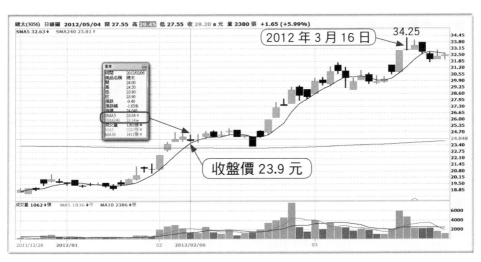

第八名的「漢唐」（2404），是一檔上市公司的電子類股，是台灣無塵室工程指標之一。股本 23.82 億，算是中小型股。何時是它最近適合進場的時點呢？

請看圖 1-10，從「漢唐」的日線圖，我們可以看到 2009 年 7 月 22 日是「漢唐」近期的最佳買點。當天它的 SMA5（14.69）大於 SMA240（14.67），所以這一天買進，非常理想，收盤是 15 元。到了 2009 年 12 月 15 日，高點已來到 29.3 元了。距離 15 元的買進點，已有 95.33% 的漲幅。

圖 1-10　2009 年 7 月 22 日 SMA5 大於 SMA240 是最佳買點　（圖片資料來源：XQ 全球贏家）

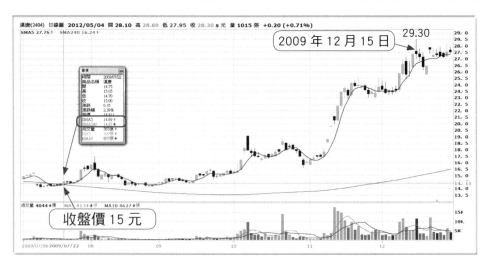

第九名的「亞昕」（5213），是一檔上市公司的「營造建材」類股，是新莊副都心概念股，也是富櫃50指數之一。股本24.3億，算是中型股。何時是它最近適合進場的時點呢？

請看圖1-11，從「亞昕」的日線圖，我們可以看到2011年4月11日是「亞昕」近期的最佳買點。當天它的SMA5（35.6）大於SMA240（35.34），所以這一天買進，非常理想，收盤是36.9元。到了2011年7月8日，高點已來到45.65元了。距離36.9元的買進點，已有23.71%的漲幅。

圖 1-11　2011年4月11日SMA5大於SMA240是最佳買點（圖片資料來源：XQ全球贏家）

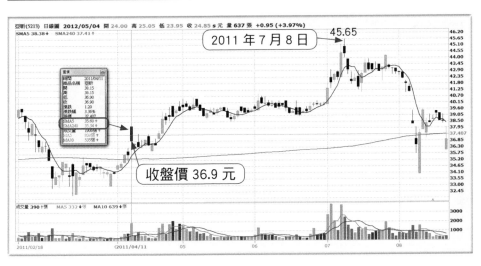

第十名的「炎洲」（4306），是一檔上市公司的「塑膠」類股，也是一檔 ECFA 概念股、台灣塑膠製品指標之一。股本 29.66 億，算是中型股。何時是它最近適合進場的時點呢？

請看圖 1-12，從「炎洲」的日線圖，我們可以看到 2010 年 5 月 26 日是「炎洲」近期的最佳買點。當天它的 SMA5（23.15）大於 SMA240（23.01），所以這一天買進，非常理想，收盤是 22.1 元。到了 2010 年 8 月 3 日，高點已來到 30.25 元了。距離 22.1 元的買進點，已有 36.87% 的漲幅。

圖 1-12　2010 年 5 月 26 日 SMA5 大於 SMA240 是最佳買點 （圖片資料來源：XQ 全球贏家）

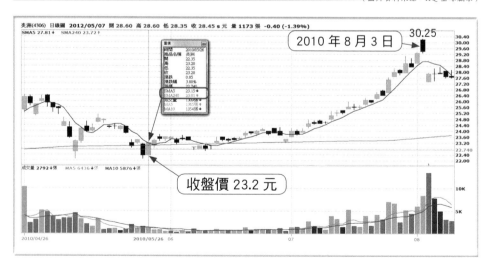

05　何事讓你成功？練習、驗證、好學

　　最近筆者去拜訪一位在英文補習班任教的朋友。他是一位桃李滿天下的名師，在課堂上見過他的學生大概快上萬了吧？我看他正忙於為學生編寫習題，忍不住誇讚他的勤奮。但是我也提出了一個問題：「為什麼你總把同樣模式的習題，重複這麼多次？學生舉一反三，不就成了？」

　　他說：「你沒聽過一句話嗎？一個英文字要連續忘掉七次以上，才會成為你的。這意思就是說『反覆練習』是非常重要的。同樣模式的不同例子一定要越多越好，這樣他才能把這些英文於不斷重複中在腦中生根！」

　　我覺得他不愧是名師，講的極有道理。過去，我讀英文都對課文後面那些模式一再重複的習題不感興趣，難怪學不好英文的口說能力。

　　筆者於是悟到：學習股票的技術分析也是一樣。過去，筆者除非不得已，否則自己的寫作一向不太喜歡「重複」，可是現在覺得一次讓大家學到很多東西，固然「濃度」（精彩度）比較高，可是讀者的印象會不夠深刻。尤其筆者經常發現，很多讀者問的問題，其實我在書上已經寫過了。可是，讀者仍然提出書上已有解答的問題，足見他在這一部分的印象不夠深刻。

　　所以，筆者今後打算在同一個模式上，多舉一些同樣的例子詳加

說明。寧可少教幾招、教慢一點，但希望讀者的理解更深刻，也才能把所學到的真正應用在操盤中。也就是說，我是刻意讓讓學生「不斷反覆練習」，所以才多舉幾個同樣的實例說明。相信這樣一來，讀者在同一系列的實例中，就可以加深印象了。「驗證」一向是我的老師！讀者也可以如法炮製，自己找喜歡的個股「驗證」一番。

以上舉了十個例子，其中的SMA5是什麼，股市老手應該都明白。但為了股市新手的方便，在此再詳細說明一下：

SMA5 指的是五日均線，SMA240 指的是年線。當 SMA5 大於 SMA240 時，也就是一種短天期和長天線交叉向上的「黃金交叉」。用五日均線和年線交叉作買點的選擇，是非常穩健的操盤手法。成功機率不低！

移動平均線（Moving Average）是由葛蘭謀(Granvile Joseph)在 1960 年所發明，顧名思義，它是把一定期間的股價加以平均（或），然後畫出一條移動平均線。要利用移動平均線來從事股票的中長期投資，必須先了解移動平均線的特質。過去的股市一周有六天，所以您如果看老舊的書籍，很可能還講的是六日、或十二日、或七十二日、或一百四十四日、或二百八十八日的均線。其實，現在一周都只有五天的股市了，所以一般常見的移動平均線有六條：

5 日線又稱「周線」、10 日線又稱「雙周線」，這兩種線都代表短期股價走勢的變化，亦表示短期的支撐線與壓力線。

20 日線又稱「月線」、60 日線又稱「季線」，這兩種線代表中

期股價走勢的變化，亦表示中期的支撐線與壓力線。

　　120 日線又稱「半年線」、240 日線又稱「年線」，這兩種線代表長期股價走勢的變化，亦表示長期的支撐線與壓力線。

　　做中長期投資的人，要看季線、半年線、年線的變化。從這三條平均線即可準確地看出股價中長期的走勢。ADL、ADR、OBOS、TAPI、OBV 等均有領先指標的功能，而移動平均線卻落後指標。舉例來說，當多條移動平均線呈現多頭排列時，股價已經漲了一段；當多條移動平均線呈現空頭排列時，股價已經跌了一段。但是，利用移動平均線來投資股票，卻比較適合於中長期操作。因為利用移動平均線，研判中長期股價的走勢比較準。

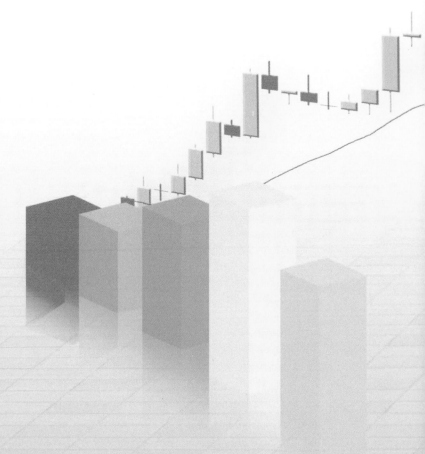

Chapter 2

賣出股票
精準時機

01　趨勢若形成，放空不必太緊張

　　恆兆文化公司今年四月剛推出的「方天龍實戰秘笈」系列叢書，第一本是《你的選股夠犀利嗎？》，這本書裡有許多筆者個人的獨家精髓，它的內容比之前筆者所寫的書都有較進階的深度，但文字仍保持一貫的淺白口語、易懂好學。出版社在封底推介說「很少股票書寫到關鍵的獲利細節，這本書做到了！」從編者在文案上的著墨，筆者也看出出版社的用心和深入；在紙張、印刷、設計各方面，也越來越貼近讀者的需求。

　　筆者在個人的 blog 上就強調「八二定律」，直指「股市賺錢，永遠是少數人的權利」，所以只重關門培訓，完全無意推廣人氣。一如宗教家說的「信我者，得永生」，筆者也只準備讓相信我的人成為贏家！從讀者來信的逐漸踴躍，筆者發現自己的努力並不白費。

　　舉例來說，在《你的選股夠犀利嗎？》一書的第一章「新觀察：捉住主力，一檔股票要賺 30 塊」，許多讀者對我赤裸裸的剖析，便深表驚嘆；更多曾經接獲我私函的讀者，來信表示感謝與頓悟。這裡只挑選一位有心用功的讀者來信，筆者將進一步提示改進之道。希望其他的讀者也能舉一反三，得到一些啟示。我相信這位讀者假以時日，一定可以躋身高手之林（以下的讀者信件，均為同一讀者來信，依時間排序）！

【2011 年 12 月 1 日凌晨 1 時 23 分讀者來信】

方老師：您好！

雖然我買不起「和泰車」，也看不懂您如何抓出八大主力的籌碼，但看到你露這一手真叫人嘆為觀止！真的很佩服！

對啦，《放空賺更多》一出版我就買了，（我的來信和問題）榮幸被列在第一章。

很久沒寫信給您，趁這機會表達讚嘆之意~~

【2011 年 12 月 7 日凌晨 4 時 21 分筆者的回信】

×先生：您好！

收到，謝謝。因事忙，遲至今天才回信。謝謝您提供的案例。我是實戰起家的，以驗證為師。沒有人比「驗證」老師更強大！只要您肯虛心研究，對您的幫助，遠比專家學者還大。信嗎？

最近行情不好，多看少做。做多真的是「火中取栗」，很危險的。別把錢老是泡在股票池中，因為池裡有鱷魚！

天龍

【2012 年 3 月 27 日下午 11 時 38 分讀者來信】

方老師：您好！

很久沒給您寫信囉～～上次承蒙通知「和泰車」（2207）這一檔「明牌股」，讓我見識到您的功力確實不同凡響！

這些日子以來，發現這一檔股票一路走高，當初您能夠看上這一檔，確實慧眼獨具！

我印象中，當時您有說：經過研究，應該有八大主力 …… 雖然您當時信中有說到無法向網友透露是如何看出來的，不過也真夠令人大開眼界了！

前些陣子我是買「華寶」（8078），不過本來認為它會破100，結果70就下來了。當然啦，我都是靠線圖加上直覺，猜的成分一向不低。

雖然我之前很看好它，除了長抱之外，還想等壓低再多買幾張起來放，但最後結果卻是賺一些後開溜，現在殺下來已經不敢買 …… 哈～

【2012 年 3 月 29 日凌晨 2 時 53 分讀者來信】

方老師呀，真的是很湊巧，昨天剛寫信給您，今天逛書店無意間拿起一本書赫然發現是您的新書——《你的選股夠犀利嗎？》

隨意翻個幾頁，發現有寫到「和泰車」囉！還有提到技術指標失靈係人為的……而且不能講太多，因為怕擋人財路

另外有一點，很重要的一點，對某些讀者（例如我）來說

啦⋯⋯不常寫信的原因，一來是怕耽誤您太多時間，二來我覺得拜讀那麼多您的大作，還是要靠自己有所長進，總不成永遠倚靠方老師吧？！那樣子的話，恐怕有違您出書的初衷（我記得您有講過一段話，大意是說：我不是為了交朋友，而是希望讓散戶有機會成為贏家）。

話說新書適才又隨意翻了一下，居然發現書中您也有提到「華寶」（8078），我居然有幸跟方老師選上同一檔股票！呵呵⋯⋯

大約在 45 元附近，我覺得它有潛力⋯⋯絕大部分我都靠直覺十線圖研判（唉，您的籌碼教學目前我功力火候仍嫌不足，還在摸索學習中）

我現在又看上一檔股票——「神腦」（2450），理由如下：

1. 這幾日比大盤強勁且率先拉過 140 元的壓力區。

2. 線圖有機會拉到 170 元（目標價，我一向都用猜的）。

3. 「神腦」今年在兩岸同步擴增據點，未來 3 年將在大陸擴增 1000 家門市，我懷疑會跟去年「全家」（5903）這檔股票一樣。

4. 配發股利 4.5 元，獲利優良。

5. 直覺會破 180 元新高（走筆至此，夜闌人靜之際，卻發現美股跌 115 點，我苦也⋯⋯）

看好「神腦」（2450）的理由都沒有提到籌碼這部分，坦

白說，每一檔股票的籌碼該怎麼看，我經常霧煞煞。因為我總覺得應對每一檔股票沒有唯一的公式，似乎與《你的選股夠犀利嗎？》這本新書 p88 裡面所提到……「別以為什麼情況都可以用同一道理解決，其實那就錯了」不謀而合，但實際上也是顯示我「算籌碼抓主力」這一招根本就還沒入門，我觀看書上的範例都 OK，但靠自己去抓籌碼研判出來的就很不踏實，常常買完後就開始提心吊膽，更別提能夠像您一樣在大盤下殺之際，卻勇於加碼「和泰車」（2207）那般神色自若了！

所幸你這本書有剖析如何抓「和泰車」主力的解說。我先來細讀觀摩一下再說 ~~~ 晚安！

圖 2-1

（圖片資料來源：XQ 全球贏家）

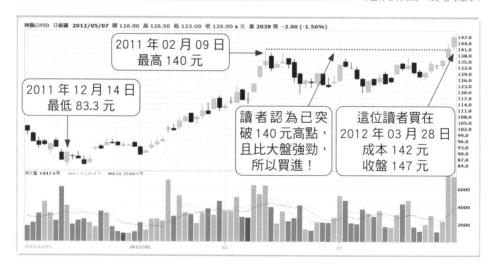

▶Point 02　M頭若出現，先行「賣短」再說

【方天龍插播解說】

　　這位讀者大約於 2012 年 3 月 28 日買進「神腦」（2450），成本是 142 元，收盤 147 元。他買神腦股票，在技術面的重要理由就是「這幾日比大盤強勁，且率先拉過 140 元的壓力區。」這理由指的是當天已越過了 2012 年 2 月 9 日的最高點 140 元。（見圖 2-1）

　　他買 142 元，收盤 147 元，基本上是不錯的。已經有一隻腳站在贏家這一邊了。但是，繼續看下去。3 月 29 日情況卻不妙了，因為 3 月 29 日的大盤大跌 165 點。神腦的走勢有了極大的變化。開盤 147 元就是最高點了，最低打到跌停板 137 元，收盤勉強拉上 138 元（跌幅 6.12%）。難怪讀者來信說「早知道昨天小賺就跑……。」

　　讀者 3 月 29 日凌晨發來的信，我看到時覺得這檔股票還不錯，但買賣時機卻不對。——我自己在 3 月下旬時都已經退場觀望了，因為當一個短期 M 頭形成時，手上不該有太多的股票，否則會傷到本錢。這是本書本篇的主題重點：「M 頭出現，要立刻先出再說！」

　　在 3 月下旬，我回覆一般讀者來信時，都勸他們減碼，否則會把好不容易賺到的錢又吐回去，原因就在這裡。

　　筆者在《主力想的和你不一樣》（恆兆文化出版）一書第 115 頁，就強調過「大盤最大，因為他是主力群的老大」，當大盤偏空的時候，主力也不敢膽大妄為。換句話說，千萬不可迷信「強勢股」，因為所

有的強勢股都可能「補跌」——不是不跌，只是時候未到。如果你手腳不夠快的話，最好是「退場觀望」！否則你肯定會「小賺大賠」！

我們看圖 2-1，2011 年 12 月 14 日神腦最低來到 83.3 元，當它攻到 2012 年 2 月 9 日的最高點 140 元時，幾乎是沒休息的大多頭走勢。但後來便隨著大盤的盤整，也順勢在盤整中，於是形成了第二層的整理平台，直到 3 月 27 日再度創了新高，又讓我們興起了無限希望！

但是，買股票要求勝算高的話，3 月 27 日之後，未必是最佳買點。我們把神腦的日線圖再拉遠一點來看（見圖 2-2），便知道了。圖中畫框框的區塊才是真正大好的買進時機，因為之前還有一個 82.9 元的更低點，來證明我們如果在圖中的區塊買進，是容易穩賺的買進時機；相對的，3 月 28 日即使股價創了新高，短線難免震盪，多少會有些風險。

圖 2-2

（圖片資料來源：XQ 全球贏家）

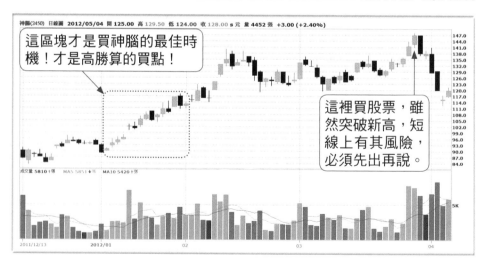

很多讀者手上已有我的書了，還常常問我「如何研判」的問題，其實筆者的書最大的特色就是一直在教散戶如何思考、如何研判。您只要認真看書，就會潛移默化、學到精髓；如果您沒有收穫，肯定是沒有仔細閱讀。我可以再重複一下：您在研判個股走勢的時候，一定不要忽略了大盤的走勢。大盤是引導個股走勢的最重要因素。有些高手甚至也同時觀察台指期的走勢，以更早了解股市可能的變化。現在我們就來看看圖 2-3，在大盤今年（2012 年）來已經大漲一大段情況下，我不相信有個股會逆勢而為。尤其 3 月 29 日早上一開盤就跳空向下跌破 8000 點（3 月 28 日的開盤、最高、最低、收盤等四個數字，都在 8000 點之上，3 月 29 日卻沒有一個數字在 8000 點之上）。我覺得大盤將反轉向下！覆巢之下無完卵， 3 月 29 日神腦的走勢也明顯不佳，於是發一封信給這位買神腦的讀者，大膽建議他先出股票。

圖 2-3　　　　　　　　　　　　　　　　　　　　　　（圖片資料來源：XQ 全球贏家）

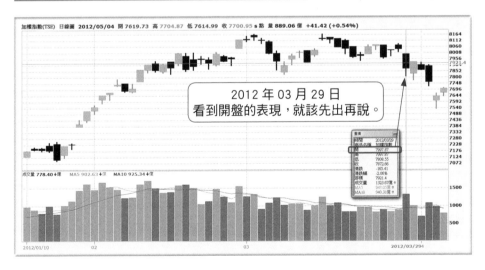

【2012 年 3 月 29 日筆者的回信】

× 先生：

感謝您的來信，我現在正忙，但仍先告知一下已收到來信。

神腦，原來也是我鎖定長期追蹤的二十幾檔股票之一。後來，我把 150 元以上的高價股刪除了，所以後來就比較沒有注意。有空會再幫您看看它的籌碼情況。

以後來信請不要用陌生的英文名字，以免我找不到您的檔案（我的重要讀者都有用中文名字歸屬的信件資料夾，以便回憶一下來往的內容）。我如果要以您的個案問題做寫作的素材，不會洩漏您的個人基本資料、會保護您的隱私，請放心。

當一個短期 M 頭形成時，手上不要有太多的股票，否則會傷到本錢。請記住！留得青山在，才有反擊機會。像我最近就已出清持股、變空手了，今天有一大堆跌停板，不就減少一些損失了嗎？

關於，您的神腦，我現在看了一下線型，建議您先出！因為今天出現一根大黑線了！

天龍

【2012 年 3 月 29 日讀者來信】

方老師：您好！

感謝您百忙中撥冗回信，因今日出差無法盯盤致現在才收到回信，我買神腦的成本在142，明天要來出場了，早知道昨天小賺就跑……。

提到停損，之前多次痛苦的經驗便是獲利時沒有開溜，跌下來引發停損出場，結果一出場之後就拉抬，經常回本還倒賺，極少數才會一路下跌。

被「巴」太多次之後，本來停損絕不猶豫的我，現在卻變得非常痛恨停損，因為錢幾乎都是虧在停損，停損的錢幾乎都可以買一張股票了。

雖然我一直緊密設定停損，但每次一回檔就會引發停損，偏偏股價本就有來回，停損後股價回到成本，這時只好再進場，手上的錢卻是越來越少。

周遭的朋友即便套牢卻一直放，最後卻倒賺，別人手上的錢是一直增加。以前看很多書都說不停損一定會完蛋，所以我停損毫不手軟，但從沒見到戶頭的錢越來越多。當錢越來越少，而且慘遭朋友嘲笑後，我現在相當懷疑那些倡導停損的論調……。

坦白說，停損並不會賺錢。直到某一天，我突然覺得自己想通了，與其一直停損，不如就抱牢一檔股票，即便一路大跌，事實上兩者並無不同。

許久之後，我又深刻檢討自己為什麼失敗 …

A. 虧損模式如下：

創新高→買進→回檔→停損→回到原先進場點，嘔死！再

買回來→小小拉抬賺不夠多，書上都說讓利潤奔馳，所以

抱住→壓回→再停損→長久反覆操作（結論：累積小虧變

成大虧）。

B. 獲利模式如下：

創新高→買進→再拉一小段→good！脫離成本區→稍微像

樣的壓回，小賺先出場，不然變成虧損就糟了！→一出場

馬上又上漲→再追回來，中間錯失一段利潤→反覆被洗來

洗去（結果：反覆小賺出場，該大賺變成小賺，一大波段

卻只小小獲利）。

其實「神腦」（2450）我本來是要鐵了心一直抱到200元

以上，甚至300元。因為我的預感很強烈告訴我，它將

來必有所為呀！不過，我明天還是會聽從方老師的建議出

場，我讀了您這麼多書又何嘗不知道大盤趨勢最重要，大

盤大跌，什麼股票都容易遭殃，只是真的很嘔呀～～～這下

子師出不利，偏偏我已經昭告天下說敝人這次洗心革面絕

對不停損...又要等著被笑了....

【2012年3月29日筆者再度回信】

×先生：

剛剛回了您的信，才知原來這封信是您寫的。

我已建議您迅速出掉手上的「神腦」（2450）了！雖然您揣測可能會到170元，但當短期大盤已出現M頭的時候，就不要戀棧。大盤的趨勢最大！

迅速保持空手，才不會傷到本金。否則你會很痛苦！

天龍

▶ Point 03　反勝為敗，該停損也得停損

【方天龍插播解說】

　　這位讀者來信提到「神腦」時，筆者正在忙，就沒詳加研究這檔股票，只是記得這是我曾經看好的股票。但匆匆看一眼它的線型，就強烈地建議讀者迅速出掉股票了。雖然這位讀者自己揣測「可能會到170元」，甚至說「直覺會破180元新高」、「我想要一直抱到200元以上，甚至300元。」但畢竟都只是揣測。我們仍必須且戰且走，一邊「抱最大的希望」，也要一邊作「最壞的打算」，這才是有風險觀念的做法。

　　為什麼我尚未研究籌碼，就斷然要他「出股票」呢？因為我很有把握，整體的行情會下來。尤其3月29日的技術面已經告訴我，好不了了！我一直強調「大盤最大」，如果大盤準備下來時，就要儘快抽出資金，不要一直泡在「股票池」中，因為池裡有鱷魚，會把你的

本金咬掉一大半！這點，我在 2011 年 12 月 7 日凌晨 4 時 21 分回這位讀者的信時，即已強調過了。這也是我的「明哲保身」之道。如果你不服氣，必然會受傷的。

我們從他的來信所談到的「停損」話題，可以看出他是非常不捨的。因為停損太多次，最後他的錢就越來越少了。從這些話中，我研判出讀者的資金一定是大半在股票中，手上的現金極少。他說了半天「停損」的經驗之後，仍說：「我明天還是會聽從方老師的建議出場」，呵呵 ^_^ 感謝他還是信賴我，終於勉為其難地決定停損。如果我不連發兩封信特別強調「迅速保持空手」，相信他應該是「不捨」的。

現在我們來看看 3 月 29 日當天（記住！是當天哦！筆者絕非「馬後炮」的股票分析家）我為什麼認定未來會往下走。

圖 2-4 　　　　　　　　　　　　　　　　（圖片資料來源：XQ 全球贏家）

從圖 2-4 如何看出「未來幾天」會跌呢？

第一，在橫盤已一個月的時間裡，2012 年 3 月 29 日明顯無意上攻，這一天的低點（7808 點）和收盤（7872 點）都已經破了 2012 年 3 月 7 日的最低點 7937 點，在這樣的軌道線中，大盤走勢已有向下的徵兆。

第二，2012 年 3 月 29 日的成交量有 1323 億，比起五日均量（948 億）、十日均量（940 億）都大得多，而它的「價格」（在此則是指加權指數）卻大跌了 165 點，跌幅 2.06%。從「價量關係」來看，是屬於「量大不漲」的格局。

第三，SMA5 和 SMA10 都已交叉 SMA20 向下，顯示接下來的行情必然走軟。

圖 2-5 （圖片資料來源：XQ 全球贏家）

第四，從「神腦」個股的走勢來看，2012 年 3 月 29 日收盤 138 元雖未跌停，但跌幅已達 6.12%，跌幅這麼深，說明主力可能暫時先行棄守了。其後的行情必跌！

第五，在筆者的《你的選股夠犀利嗎？》一書 33 頁，筆者從「和泰車」一役的經驗中，寫下了一段經典的結論：「12 月 1 日大漲 274.57 點，其實也很難選股，所以我大約在 9 點 5 分就把其他的股票也全出清了，果然到上午 10 時 30 分，都還沒回到我的賣價。不過，現在重新看這檔股票，11 月 30 日那天的量也太大了，相較於 11 月 16 日的量價俱揚，算是超級大量，可以說是噴出行情的尾聲了。**以後我們都得把超級大量的隔一天當成出清持股的日子。**」

我們來看圖 2-6，「今後我們都得把超級大量的隔一天當成出清持股的日子。」在此處獲得印證了。讀者買股票的 3 月 28 日，其實已經是超級大量的第二天了。2012 年 1 月 9 日的成交量是 7005 張；2012 年 2 月 7 日的成交量是 6453 張；2012 年 2 月 9 日的成交量是 6422 張；2012 年 3 月 27 日的成交量是 7712 張；2012 年 3 月 28 日的成交量是 7447 張。所以，在這樣的時機買股票，確實是有危險的。因為 2012 年 3 月 27、28 日的成交量在近期的量能已經是相對的「超級大量」了。至於「神腦」的股價則是大跌，也造成「量大不漲」的格局！

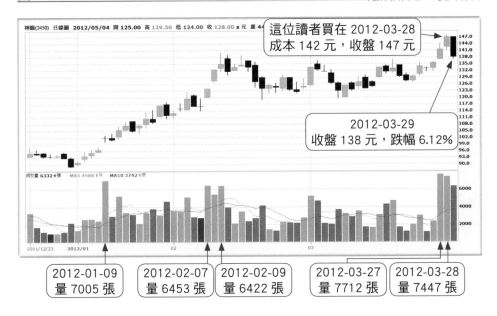

這位讀者買在 2012-03-28
成本 142 元，收盤 147 元

2012-03-29
收盤 138 元，跌幅 6.12%

2012-01-09
量 7005 張

2012-02-07
量 6453 張

2012-02-09
量 6422 張

2012-03-27
量 7712 張

2012-03-28
量 7447 張

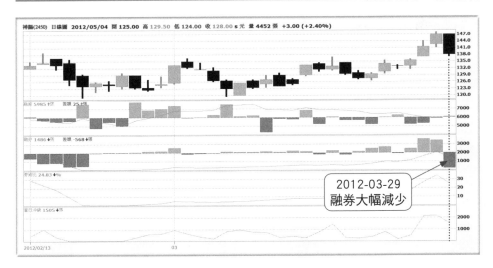

2012-03-29
融券大幅減少

第六，在連續的融券增加之後，突然大減，股價通常就會往下走。這也是筆者的「經驗值」中比較經典的結論之一。在圖2-7中，2012年3月29日的融券大減也是預告這樣的訊息。

第七，我們再從圖2-8來看，可以發現「神腦」不論在RSI、KD、MACD、寶塔線、威廉指標等各種技術指標上都呈現出不利於多頭的局面了。

圖 2-8　　　　　　　　　　　　　　　　　　　　（圖片資料來源：XQ 全球贏家）

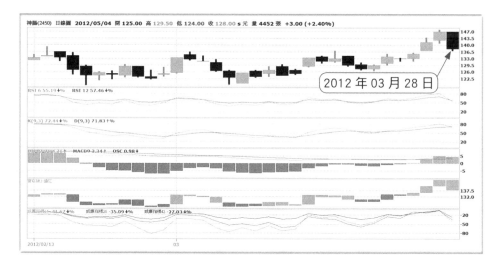

基於以上這些理由，我才認為行情要下來了，不可戀棧！沒想到這位讀者卻有點捨不得停損。

其實，「停損」有個重要概念就是，先止血，而不是斷臂。同時，一旦股價止跌也要迅速回補。一來在高點就出掉股票，你可以有「減少損失」的作用；二來當股市回升時，你還有反擊的機會。散戶捨不

得停損，通常是由於：❶資金百分之百投入，幾乎全押在股票上，企圖一步登天，所以一旦股價大跌，他就非常心痛。其實，投資人當股價跌時仍可以很從容面對，才是比較正確的持股比例。否則「玩股票」豈能快樂自在呢？❷盤跌或暴跌時猶豫不決，未能迅速停損。❸止跌或轉強時未能當機立斷，迅速回補。

如果同樣是停損，高手和輸家的做法差別就在這三個關鍵細節中。「散戶」的悲劇，多半源於資金控管不當。由於資金百分之百的投入，一旦套牢，就完全沒戲了；相反的，如果還有很多現金，就可以在必要回補時有能力東山再起。至於技術分析的功力，那是其次的問題了。只要碰到好老師，學起來就很快；一個虛心求教的股市新手，絕對比態度傲慢的老手進步快！但散戶的宿命往往在一些習慣性的毛病上註定出局了。

在這裡，我必須回應一下讀者的「停損害人論」的說法，其實，他的問題是出在❶買點不對，有風險。❷停損之後沒有及時回補，或者臨時換到其他的股票上去了。而所換之股偏偏沒賺錢或又被套牢了，當然錢就越來越少。如果他能在連跌四、五天之後再接回同一檔股票，一旦這檔股票轉強，說不定又扳回一城呢！如果他的現金仍多，就有能力在低檔再加碼，很可能轉敗為勝的。而他的悲情就在於持股滿檔，所以也就沒有現金享受勝利的成果了。

這位讀者在學習態度上是很勤奮的，現在繼續來看看他如何學習計算籌碼。請看他給我的來信－－

【2012 年 3 月 30 日下午 8 時 26 分讀者來信】

主旨：神腦 2450--- 計算籌碼學習篇…

方老師您好！！有關於 2450 神腦，我這樣計算籌碼練習

抓主力，不曉得這樣觀察是否正確，請不吝指教…

查了一下，進出的券商比較積極的就是凱基證券。

3/1 --- 買進 248 張（投信 +70 張）

3/9 --- 買進 300 張（投信 -71 張）

3/27--- 買進 450 張（投信 +1420 張）←憑藉這一天認定凱

基為這檔股票的主力

3/29--- 買進 161 張（這一天大跌，投信 +9 張）

附件 K 線圖上有標明四個藍色箭頭…

圖 2-9 （讀者 × 先生附寄給筆者的技術線圖）　　　　　（圖片資料來源：讀者）

我的疑問如以下兩點：

1. 神腦 5 日均量約在 2000~300 張，除了凱基，其他券商成交量都很少，但凱基頂多也只有幾百張，能視為這一檔的主力嗎？？

2. 如果凱基不算主力，那要如何像書中一樣找出主力？？

3. 新書已經概略瀏覽，P112 有一段至關緊要的話，但我卻完全看不懂 ==>> 集中指標？發散指標？這是新發明的指標嗎？

「買賣盤集中度反轉」：「... 集中指標從下降轉為上升，且發散指標從上升轉成下降」

PS: 今天神腦停損出場了，後來在 136 放空，不料又被嘎，尾盤 138 再回補 ...(我的輪迴命運)

【2012 年 3 月 31 日凌晨 4 時 13 分筆者的回信】

╳ 先生：

神腦是作多的股票，不要隨便放空。當行情不好的時候，退出觀望等有低點再接即可。

您玩股票似乎太緊張了，也許您買得太多了。一般我的作法是賣在大陰線的最後一筆，也就是 138 元，隔天即使要當沖也要賣在 138 以上（先賣後買）。您可能以為它會跌

很深，所以才放空吧？**既然136放空，為何138又回補呢？**

必須急於回補的股票是：快漲停板了。再不補就漲停板的

股票，才必須立刻回補。您太緊張了，您怎麼知道星期一

不會下來呢？

港商里昂是它的主力，大約有3000張。大華有1000多張，

凱基有800張左右。

對不起，我近期非常忙，無法講太多，請自己多斟酌吧！

加油！

天龍

▶Point *04* 停損不夠快，就會懊悔無限

【方天龍插播解說】

　　這位讀者起先聽我的建議先出再說（注意！是要迅速賣出哦！很多人停損都停損在骨頭上，這是錯誤的。被刮了一層皮、流了血，就該迅速處理了，豈容傷到骨頭！）。我的意思是當行情不好的時候，這檔股票應先退出觀望，等有低點再接即可。這樣就可以避開連續五天的盤跌。我們看，行情的發展果然如我所料，確實下來了。但當時我並不曉得會跌幾天（結果是五天），如果聽我的話，就可避開從最高148元，一直跌到112.5元的損失，是吧？算一算，跌幅是23.98%，幾乎被砍掉四分之一的股價呢！如果你賣掉了，便可以在

2012年4月6日的開盤就買回來（因為4月5日已見煞車的痕跡了）。
這才是正確的方法。

圖 2-10

（圖片資料來源：XQ 全球贏家）

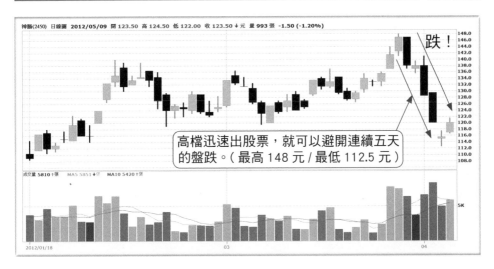

我覺得「神腦」是宜於作多的股票（讀者當初看好它，不也是應
該作多嗎？），只需先高檔賣出（短賣）、低檔再接回即可。然而，
我們看這位讀者顯然太信賴我了。他一定是想，既然我說出，那一定
是要跌了。既然要跌，那不該放空嗎？所以他就自作聰明放空了。於
是，他在停損之後，又自己反手放空在136元！基本上，他的方向
是抓對了，但奇怪的是，當他放空之後，一看似乎不如他想像的那麼
糟，到尾盤又突然「有點怕怕的」，就趕快在138元回補了！

這樣一來，豈不是連續犯錯三次？❶買點142元，有風險，未
能在147元的高點先出股票，乃至被迫先停損。❷作多的股票，冒

險放空 136 元。（放空的價格比 140 元更低，萬一主力突然發飆就更緊張了）❸以更高的價格 138 元回補。（應該等一兩天股價下來再回補）

所以，我在信中質疑他的立場：既然 136 元放空，為何 138 元又回補呢？必須急於回補的股票是：快漲停板了。再不補就漲停板的股票，才必須立刻回補。您太緊張了，您怎麼知道星期一不會下來呢？

筆者現在在 2012 年 4 月 9 日檢討這檔股票時，發現果然股價下來了，連跌五天。如果這位讀者手上的 136 元不在 138 元回補，不是狠賺一把了嗎？

此外，這位讀者在信中認定凱基為這檔股票的主力。筆者簡單查了一下主力買賣超的資料，便知道港商里昂才是它的主力，大約有 3000 張。大華有 1000 多張，凱基有 800 張左右。所以凱基只排第三名。

我的解答勾起了讀者的用心體會，終於也找出港商里昂的進出資料了，也確認主力如我所說，第一是港商里昂、第二是大華，第三才是凱基。

【2012 年 4 月 1 日上午 4 時 11 分讀者的來信】

主旨：神腦 2450--- 感謝篇

方老師您好 !!

非常感謝您萬分忙碌中回信!!

終於讓我確認如何從我的軟體中找出「神腦」（2450）的近期主力——港商里昂 3371 多張、大華 1466 張，反而我自己認定的凱基似乎不太像主力 … 也因為如此可以判斷我應該買回神腦抱牢，分析如下：

1. 港商里昂在 3 月 29 日大跌的前一天，也就是 3 月 28 日大買 +1426 張（當天最低價 141 元），且在 3 月 29 日都沒賣出，依據方老師在《你的選股夠犀利嗎？》書中的指導，主力是不會隨便虧錢出場，所以既然主力的成本在 141 元，我是連同主力一併套牢，將來一定會拉過 141 元！

2. 可惜我的軟體只能看到 2 月 17 日到 3 月 30 日港商里昂的進出表，在 3 月 7 日港商里昂買進 +323 張（成本 120 元），另外的 1622 張已經查不出來它的成本了，但我推測是 2 月 7 日，因為 2 月 7 日當天外資買 +2116 張，隔天隨即跳空拉過前波高點，很巧的是 2 月 7 日的股價也是在 120 元以上。

3. 因此，可以推測港商里昂的成本：

2/7…+1622 張（成本 120 元）

3/7…+ 323 張（成本 120 元）

3/28…+1426 張（成本 141 元）

平均成本： 129 元

4. 意思就是說…回檔到 130 元附近進場就蠻安全了…（然後賣在 140 元左右，因為書中有寫到，為了挽回面子，當主力一解套有可能大單賣出，不過如果推測無誤，成本在 130 元，只賣在 140 元未免小家子氣）

另外，這一檔董監事持股 45%，獲利也不錯，可惜融資融券卻看不出什麼端倪。

不過，方老師說這一檔是做多的股票，我還是應該謹記教訓避免放空才對。

PS: 1.「你的選股犀利嗎？」書中 73 頁寫到「1216 統一」勢必還會有更高價，果然應驗了！那個瘋狂買進 9000 張的主力真的解套，不但如此，您寫到主力解套後，不要看得太遠，他會獲利了結挽回面子，需提防大賣單出籠……。

2. 台積電，連出版社的編輯都跳出來作證說您的解讀精確 >>>>>>> 全都被您說中了！難怪朋友說您是高手中的高手！

3. 有一檔股票「瑞儀」（6176），前些日子靈感突來，一直懷疑它將來會是個飆股，我一向都是先靠靈感指引，後面才開始買賣，但總是不踏實，現在如果能熟練方老師的「九陰真經」，即將脫離瞎矇的境界！算完「神腦」（2450）的籌碼後，隱隱約約感覺到我說不定有機會讓股票生涯產生重大變革哦！

4. 我的確很緊張，但那是因為錢太少，連一張都買不起啦！

【2012 年 4 月 1 日下午 2 時 33 分筆者的回信】

╳ 先生：

看了您的信，非常欣慰，您確實「有在」認真研究股票了。
希望將來您選股也非常犀利！

不錯，您完全照我的方式去研究，早晚可以得到九陰真經。

我今天忙著寫下一本書的大綱，所以沒時間研究神腦、瑞
儀。這兩檔股票的走勢差不多（神腦略強一些）。您自己
再多看看吧！我沒辦法隨便回答您什麼，但您的文字我會
反覆讀很多遍的。

進一步給您一點建議：

一、不要隨便認賠，因為本金最重要。您的本錢少，就要
有耐性等待解套。否則，萬一換股操作不順，容易兩面挨
巴掌，本錢會越來越少。

二、趨勢如果不利（例如 M 頭），要迅速抽離資金，別一
直泡在股票池中，否則它會像鱷魚一樣咬你一大口，把你
多次小賺的一次賠掉。

三、請選擇主力在最近才介入、密集作多的股票研究，別
找主力「長期作多」的股票。因為他們長期的平均成本太
低了，最近究竟「要殺要剮」是很難猜的，更別說是「研
判」了。O(∩ _ ∩)o 呵呵 ^_^

天龍

【2012 年 4 月 2 日凌晨 1 時 8 分讀者來信】

方老師：您好！

方老師法眼如炬，居然瞧出我這次是真正有用心在推敲研究股票，之前都靠「線型十靈感」在買賣進出 …. 嘻嘻…

這次研判的結果，尚須時間證明以資參考，且我定然還需要多多累積抓主力經驗才行，希望有朝一日也能跟您一樣高竿，獲利如探囊取物，那便不枉我股市走一遭了！

以前總聽到人家在說某一檔股票主力套在幾塊，乍聽之下丈二金剛摸不著頭，接著詢問如何看出來主力套在那邊？可惜所得到的答案只會讓我猶似墜入五里霧中（ex: 這邊量大，線型如何如何 …… 每一檔講法都不太一樣，完全滿頭霧水..)

幸虧您書中提供好幾個教學案例，從現在開始我著重在籌碼這一部份，希望能有所成呀！

信中這三點建議會謹記在心，感謝再感謝！尤其是第三點，跟「橫盤後第一根紅棒漲停，往往會帶動大行情」隱隱相呼應……主力發動才介入，安心又有時效！

2012 年 1 月 31 日的「位速」（3508）就是這樣，但因之前太早進場，回檔後虧錢賣掉，所以當天眼見它即將漲停，我也不願意再買回，後來就一路上揚！

您的絕招如此犀利又不藏私，個人認為方天龍這名號響遍

股界是遲早的事情，屆時就算您想低調恐怕也難如登天
哠！

假設每位讀者都寫 1 封信，只要有 50 位讀者來信時，您
就要回 50 封信，我真的惟恐佔用您太多研究股票的時間，
暫此打住。只等未來如再面臨瓶頸之際才寫信給您，屆時
請方老師不吝指教呀！

期待您下一本大作！

▶ Point 05　多頭時期放空，只能以短線為主

【方天龍總結解說】

筆者實在沒有時間一一為讀者解盤，但這位讀者的用功，使我不
能不先回報「收到」，以釋懸念。一般來說，我對讀者的信，都會反
覆讀很多遍，將心比心地去揣摩讀者的問題出在哪裡、他的毛病是什
麼。基本上，我希望以過來人的經驗，給股市新手一些幫助，讓他們
少走一些冤枉路。

綜合我對這位讀者的簡單告誡如下：

一、多頭時期放空，要留一點餘地：

如果趨勢形成，多頭時期一樣可以放空。但是放的是短空，四、
五天就是一個波段。「趕狗入窮巷，提防反噬。」就是這個意思。放

空必須給多方留點餘地，以免自身亦無法脫困。

我國古典小說《閱微草堂筆記》裡有一個故事：一位掌櫃看到他的徒弟順手牽羊，將做生意的錢放入自己口袋，便趕他出門，並且通知同業這個人離職的原因，使得同業都不敢用他。這個夥計走投無路便淪為盜賊。有一天掌櫃的兒子押了一批貨經過山區時，被這群賊攔路搶劫，他本來有活命的機會，但是因為他認出了裡面的一個人原來是家中的夥計，叫了一聲「某某饒命」，反而使他送了命。

作者紀曉嵐說，假如這個父親留人一點餘地，他的兒子便不會送進了枉死城。

我們在放空股票的時候也是一樣，一定只能放短空，不要殺到多方的骨頭裡去，以免被軋上去，到時又白白損失了銀子。真正敢放「長空」的人是偉大的、獲利是驚人的。但我懷疑其真實性。

二、下跌趨勢形成，放空不必緊張：

我在這位讀者來信問到「神腦」股票的時候，我也回了不少其他讀者的信。我在信中通常會叮嚀：趨勢如果不利（例如 M 頭），要迅速抽離資金，別一直泡在股票池中，否則它會像鱷魚一樣咬你一大口，把你多次小賺的一次賠掉。

我在那幾天已經發現大盤在高處盤整不上，已隱約埋下「往下」的因素。我覺得很多人都不曉得及時抽離資金的好處。不得不諄諄告誡。基本上，台灣懂得放空的人，多半是老手。他們放空很少像這位

讀者那麼緊張的。136 元放空，竟然在同一天就以 138 元認輸回補，還賠了錢。顯然對自己太沒有信心了。真正放空的高手不會在乎一兩小時或一兩天的拉抬。所以我說「你怎麼知道星期一行情不會下來？」

這位讀者原本有機會賺錢的放空行為，卻在一時緊張中把銀子換成了操盤經驗！

不過，讀者也不必太擔心，我認為您的用功是會得到回報的。3 月 28 日某券商主力確實被套在 132 元左右，還會有高價可期的。如果是放空的人迅速停利即可；如果是賣出的人，在 120 元以下買進，就是安全的，都有賺錢機會。

（筆者註：5 月 17 日筆者重新校對本書時發現神腦已跌到 109 元了。可見當初建議讀者「放空不必緊張」，果然是一句讖言。）

三、停損動作要快，低檔迅速補回：

玩短線，比長線有利的優勢就在於「積極操作」。但是，長線投資者不容易被一檔好股票「洗」掉，則是他們的優點；短線停損不當，往往在於被「洗」掉了。——因為沒有在低檔迅速回補。

買進股票的時機，決定未來能否獲利。例如這位讀者買了有風險時期的股票，就必須作最壞的打算，先停利再說，否則「當斷不斷，反受其亂」，就會「賺錢玩到輸錢」。一旦整個股市環境不利多頭、從技術面看必須先休息時，「停損」千萬不要感到為難，動作一定要

快，才不會賣在低檔。因為我們只知道會跌，並不知道會跌到什麼程度。如果賣在低檔，萬一往下的空間不大，那就是真正的「認賠」了；如果向下調整的空間夠大，那我們先行「停損」，只是一種「隱忍」的行為，只要在低檔迅速補回，未來上漲的空間仍大，還不知鹿死誰手呢！正如輸贏的官司未了，繼續上訴還可能有轉圜的餘地啊！

蜥蜴自斷尾巴，是牠救命的絕活。蜥蜴有再生的能力，斷掉的尾巴經過一段時間之後，就會重新長出。大部分的蜥蜴沒有抗敵的能力，當牠們遭遇敵害時，不是逃就是躲，倘若自知躲不過敵人的追殺，牠們會拿出救命的絕活──自斷尾巴。斷落的尾巴因為肌肉作用，在短時間內仍會扭動。蜥蜴藉斷尾吸引敵人的注意，趁機逃走。

我們的停損動作也一如蜥蜴的斷尾求生。今後請記住：如果是好股票，低檔一定要迅速回補！這樣一旦行情出乎你的意料，才不會後悔。

四、持股比例要低，保本才能再戰：

在這裡，我要順便對親愛的散戶讀者呼籲一下，根據我二十幾年的經驗，我認為散戶都是輸在資金控制不當。因為手上現金不多的人往往把五萬、十萬的小錢全部押在股票上。這是散戶沒有翻身餘地的主因：不懂得保本。

日本有一位獨眼龍的部隊將領，叫做「伊藤正忠」，在軍

閥割據時代，與敵軍正如火如荼地作戰。戰況非常慘烈，不僅久攻不下，連自己的陣營甚至也岌岌可危。正在千鈞一髮時，他粗獷的女婿突然衝了出來，在伊藤正忠面前叫道：「讓我出去打！讓我出去跟他們拚命！」但是，伊藤正忠並不為所動，仍然命令其他的部將帶頭出戰。經過幾天幾夜的猛攻，總算將局面轉危為安。

但是，激動的女婿對伊藤正忠嚷道：「為什麼不派我出去跟他們拚了呢？難道您看不起女婿？或者您不希望女婿搶到頭功？」

伊藤正忠悄悄把女婿叫進他的營帳，拍拍他的肩膀，說：「您有這樣的心志，我很高興。但是！我告訴你，自古以來，在戰場上留名的人，都是把命留下來的人。有命，才可能有名！」

　　這個故事是說，一旦戰死，就無法功成名就、萬古傳誦，徒然留下遺憾的篇章而已。與其成為烈士，不如先把命留下來，等到較為安全了，再發動攻擊，才能有勝算。股市的道理也是一樣。資金的投入，需要良好的控管。風險因素，不可不考慮在先。「把命留下來」意即「把現金保留下來」，如果您玩融資或融券，也萬萬不能玩到被斷了頭！因為一旦被斷頭了，便什麼都沒有了，那還有什麼「錢」途呢？技術再好，也沒用了！

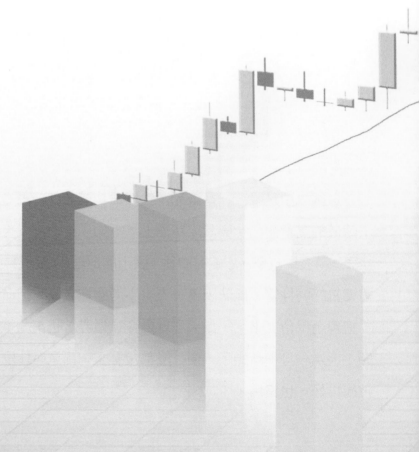

Chapter 3

會捉籌碼，
先贏一半

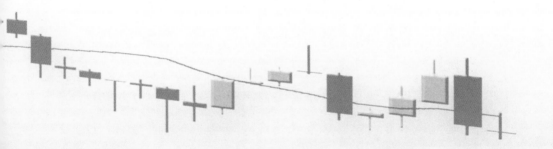

兩封讀者的來信

「方天龍實戰秘笈」❶《你的選股夠犀利嗎？》一書推出後，筆者接獲不少讀者來信，希望進一步了解如何抓主力，以及如何跟進操作的秘訣。這裡選了兩封給我印象比較深刻的來信，來了解一下股市散戶的需求：

【2012 年 4 月 4 日 (星期三) 下午 23:41 W 小姐來信】

我進入股市已 18 年了，一直是少賺然後不知退場又全賠進去了，而且賠的更多。我一直是自學，我買過上十幾本股票書，都好像專業書、安眠藥，看得我一頭霧水，我有著強烈想賺 $ 並快速致富的夢想，卻又沒著緒。

我也一直認為只有股票市場是散戶唯一致富的地方。股市大起大落，有人說股票市場是坑人的地方不要再碰它，可是我好多次失敗我還是一直認為只有股市才是能讓散戶賺錢的地方，只是我一直摸不到邊，我不放棄總有一天我一定可以在這賺生活費。

我當保母在家帶小孩，可以看一下盤，我資金有限，所以我找到我的交易模式是適合當沖或短線來快速累績資金。

四、五年前我就讀過老師的《當沖必勝聖經》，那時候覺得老師的書寫的讓我易理解，我會想繼續看下去，一次

又一次。

而去年我又讀到老師在恆兆「股票超入門」一系列著作，獲益良多，一讀就被迷進去了！《波段飆股5》、《主力想的和你不一樣9》、《籌碼細節10》，覺得真的就像您書的封面寫的那四個字：「受用一生」；後來陸續買了《技術面》（101種股價診斷的計算與應用實務）以及近期最新的《融資融券11》、《放空賺更多12》，《當沖大王》一書更是令我受益無窮。而最新的一本《你的選股夠犀利嗎》，我也先預定購買，而且已看了2次，讓我的功力隨著老師的修行也增進了很多。(所購的書，我有拍照作證，而且每本多讀3-4次以上，有時還會拿出來複習一下)

老師，你是一位沒有架子的老師，不隱私，把你懂得用最淺顯易懂的方式寫得淋漓盡致，我都一直注意老師何時出新書，然後就會先預訂。

本來就很想寫e-mail感謝老師，一直不敢提筆。

看了最近一本《你的選股夠犀利嗎》獲益更多，心想：怎麼會有你這樣一位無私的老師呢！再不提筆寫e-mail謝謝你，真是太對不起您了。

【2012年4月5日（星期四）上午00:00 W小姐來信】

方老師：您好！我照片圖檔整理好了。我是您的忠誠觀眾，

我很喜歡讀老師寫的股票書！它讓我易懂很貼切，好像身入其中。很期待老師能再出更多實際操作的演練書，我一定每本買，天天用功讀書！

1. 老師您對於主力與股票籌碼的掌握很有研究，想問一下老師，主力單是要看券商的買超單嗎？

2. 請問老師一下：建準(2421)年初開紅盤大盤漲1000點，建準一直跌，到上星期3月26日已有止跌跡象，而且4月3日查到第一金證券有一筆買超700張，這是否是代表主力單？

3. 那我要怎樣再回去算有那些主力已注入的跡象。

老師可以再透露一些給我這隻"菜鳥"學習嗎？

▶ Point 02　搭轎第一步，先得明辨主力到底是誰

【2012年4月8日上午06:17 筆者的回信】

W小姐：

想不到我有個股市18年資歷的讀者，哈哈！對您的描述，深感欣慰。很少像您這麼資深的股市老手，肯這樣虛心受教。我會用最真誠的心為您解答，也祝福您在股市有翻身的機會。簡答如下：

一、您的另一封來信附上五張購買我的書的相片，以及對

我的鼓勵，我都仔細閱讀了。拍這些相片，真勞神了！

二、我對您的建議只有兩個：少玩當沖，持股比例要低。萬一您很想玩當沖，就只玩一、兩張即可。很多人都是滿檔的股票，仍玩當沖，結果失敗了，只好認賠手上的其他股票，以致本金就越來越少。

三、建準的主力是 A，目前持股 6525 張；B 主力是長期作多的，庫存還有 2635 張。

至於您說的 C 主力 4 月 3 日確實買回了 715 張，4 月 5 日也買回了 341 張，4 月 6 日又買回 190 張。最近這三個交易，總共買回 1246 張。但是，您可能不知道這個主力其實是個大空頭，還有 5655 張還沒回補！

四、建準確實被殺得很可憐，會不會反轉，要看 A 主力和 B 主力願不願軋空，逼 C 主力繼續回補。所以，您不妨追蹤看看。

天龍

圖 3-1 　　　　　　　　　　　　　　　　　　　　（圖片資料來源：XQ 全球贏家）

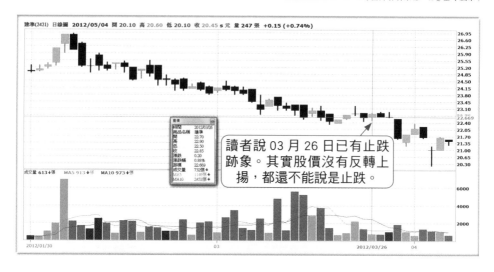

圖 3-1

讀者說 03 月 26 日已有止跌跡象。其實股價沒有反轉上揚，都還不能說是止跌。

圖 3-2 　　　　　　　　　　　　　　　　　　　　（圖片資料來源：XQ 全球贏家）

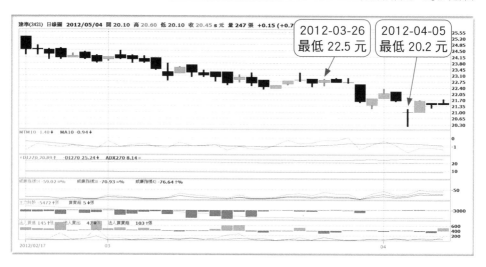

圖 3-2

2012-03-26 最低 22.5 元

2012-04-05 最低 20.2 元

▶Point 03 股價沒有反轉，就不能說是止跌

【方天龍插播解說】

在 4 月 8 日的回信中，筆者所謂的 A 主力、B 主力和 C 主力，都是以真實的券商名稱告知這位讀者的。讀者提到的個股，一般都與我所鎖定研究的個股不同，但我多半會花個半小時去看看讀者想要知道的籌碼細節。但是，我如今已不打算直接在書上公開券商的名字了。「得饒人處且饒人」，讓主力嚇得連夜落跑，對我們並沒有什麼好處。但是，我的角度是保護單純、善良的散戶讀者，私底下我可以告知，但不再在 blog 或書中透露他們的買賣進出位置了。我在《你的選股夠犀利嗎》一書第 121 頁就透露了主力的內幕，並且指出「觀察主力股的奧秘，只能做、不能說」。在解析主力的動作內涵的時候，實在不方便明顯公開出來，否則將會是「搬石頭砸自己的腳」。市面上，目前已經沒有人像我這樣赤裸裸地講出「主力作手不願意告訴你的操作秘訣」了，我也很擔心潛伏在讀者中的法人，來個「反操作」。

現在我們來看看讀者提到的「建準」這檔股票買點到了沒有？

截至 2012 年 4 月 10 日的盤後，這檔股票的最大空頭主力都還在獲利中，而且無意回補。要想軋死這位大空頭，至少要拉上 23.88 元空頭主力的平均價位。而 4 月 10 日它的收盤價只到 21.45 元。

讀者 W 小姐覺得「3 月 26 日已有止跌跡象，而且 4 月 3 日查到第一金證券有一筆買超 700 張，這是否是代表主力單？」，顯然是

太樂觀的誤判。因為筆者堅信：只要股價沒有反轉上揚，都還不能說是止跌！我們看圖 3-1 就知道，3 月 26 日最低價是 22.5 元，可是 4 月 5 日還有更低價 20.2 元，顯然還沒有止跌。（見圖 3-2）

圖 3-3　　　　　　　　　　　　　　　　　　（圖片資料來源：XQ 全球贏家）

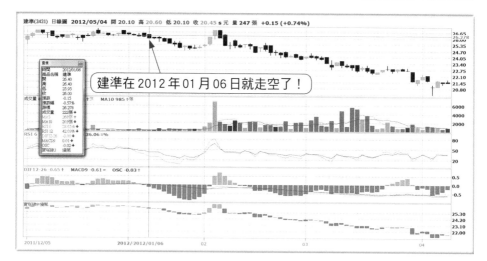

建準在 2012 年 01 月 06 日就走空了！

圖 3-4　　　　　　　　　　　　　　　　　　（圖片資料來源：XQ 全球贏家）

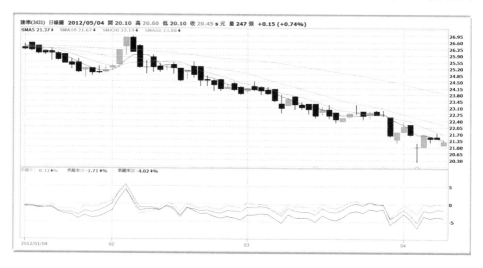

圖 3-5　　　　　　　　　　　　　　　　　　　　　　　　（圖片資料來源：XQ 全球贏家）

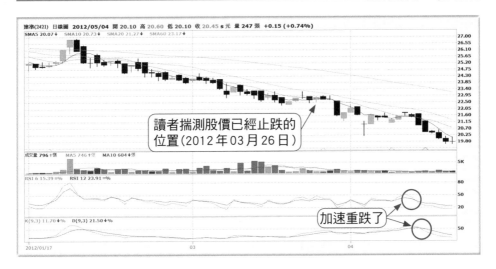

我們從技術指標來看，「建準」是在 2012 年 1 月 6 日開始正式走空的（嚴格地說，它的月線和季線死亡交叉在 2011 年 12 月 12 日，這天起就開始偏空了）。走空之後在 2 月初大盤激漲時，也曾經拉上 26.9 元的高點（2012 年 2 月 4 日），然後便一路下滑了。

筆者查了一下，2012 年 1 月 6 日的外資法人手上有 7113 張，到了 2012 年 4 月 10 日已增加到 8909 元；投信法人則由 22 張變成 0 張；自營商則由 4 張增加到 16 張。

外資法人持股增加，為何股價不漲反跌呢？因為主力賣得太凶了。看圖 3-2 就知道，法人買的遠不如主力賣的多。我們從主力券商整體的買賣超便知道。在 2012 年 1 月 6 日到 2012 年 4 月 10 日之間，最大的多方券商買賣超，只有增加 3721 張，可是最大的空方券商買

賣超，卻達到 9808 張。光是看多方、空方這兩個陣營老大的持股就曉得，空方是穩操勝券了。這就是「籌碼細節」的精髓！

如果不懂這樣的「籌碼細節」卻傻傻地作多，這就是散戶賠錢的宿命！

現在是 5 月 17 日了，筆者在重新校對本書時，發現筆者在四月初所寫的文字完全是正確的！請看圖 3-5，來到 4 月 23 日的盤後，「建準」（2421）這檔股票已經是 19.75 元了。不但沒有止跌，反而放空才是對的。請看圖 3-5 的 RSI 技術指標，六日 RSI 已經跌破十二日 RSI（15.39% 小於 23.91%）了；KD 值也死亡交叉（14.14% 小於 26.40%）了！這種情況比我四月初在評論的時候還更危險、破底得更嚴重！

▶Point *04* 關心何時止跌，不如看何時上揚

不過，股票的道理和「易經」上所說的，是有暗合之處。也就是說，盛極必衰，否極泰來，並非讓你賠錢的股票就永遠從它身上賺不到錢了。只要掌握底部區，它總有上來的時候。

至於什麼是底部區呢？「上漲常態不須預設壓力，下跌常態不要預設支撐。」「上漲不言頂，下跌不言底。」是相同意思的兩個諍言。我們需要了解的不只是它「何時止跌」，還應看看它「何時上揚」。甚至可以說，何時上揚，才是何時止跌的最有力說明。有時「盤整」

並不代表「止跌」，它很可能還會在喘一口氣之後繼續下跌！因為「趨勢」已經形成，趨勢是不容易改變的。

從技術派的觀點，股票止跌還不是買點，必須有「買進訊號」出現，才是我們出手的時候。

根據筆者的觀察，「建準」（2421）在讀者問我的當時，零星買盤多半來自新的主力，而不是空頭的大回補行動。新主力也許覺得「乖離率」過大了，便進來搶個短也說不定。然而，長線大回升，則必須有資金龐大的主力進行「軋空」秀，或者主要的空頭都認輸了，才是最可靠的買進時機。

這裡要提醒一下 W 小姐，相關個股的新聞有時也必須參考一下。筆者在 4 月 3 日的新聞「4 月 2 日上市櫃公司董監質設異動公告」中，看到「建準」（2421）的董事長（優源投資）向華南銀行東苓質押 3500 張股票；該公司的董事鄭慧英，也向華泰商業銀行解質了950 張股票，累積在該銀行的設質張數成為 4903 張。（見圖 3-6）；4 月 10 日的新聞「4 月 9 日上市櫃公司董監質設異動公告」中，看到該董事長（優源投資）又向同一銀行質押 500 張股票，累積張數達到了 4000 張。（見圖 3-7）

大股東為何要質押股票借錢呢？原因並不一定，有時是因為股價跌幅太深了，股價下挫，就只好以增加股票設質借款的部分，來解決還款的壓力。

圖 3-6　4/2 上市櫃公司董監質設異動公告 (2012/04/03)　　　　(MoneyDJ 財經知識庫)

公司	設質人身份	設質人姓名	設質張數	解質張數	累積張數	質權人
東元	監察人	東光投資	0	6,300	15,136	兆豐票券金融
東元	董事長	東和國際投資	0	1,085	475	兆豐票券金融
三陽	董事	吳清源	0	5,500	7,000	中信商銀城東
漢唐	監察人	陳友安	0	550	950	兆豐銀行台北復興
建準	董事	鄭慧英	0	950	4,903	華泰商業銀行
建準	董事長	優源投資	3,500	0	3,500	華南銀行東苓
日勝生	協理	林華駿	419	0	1,419	合庫商銀東門
日勝生	董事長	林榮顯	550	0	34,150	合庫商銀東門
日勝生	董事長配偶	游婉英	550	0	8,550	合庫商銀東門
雙鴻	董事長	林育申	0	840	7,177	新光銀行新店
雙鴻	董事長	林育申	0	740	6,437	兆豐商銀三重
崧騰	董事長	張俊雲	900	0	900	中信商銀桃園
誠創	董事長	大華國際資產管理	0	15,851	0	安泰銀行
曜亞	副董事長	林添發	132	0	332	台新銀行建北

圖 3-7　4/9 上市櫃公司董監質設異動公告　　　　　　　（圖片資料來源：XQ 全球贏家）

公司	設質人身份	設質人姓名	設質張數	解質張數	累積張數	質權人
光洋科	董事	陳李田	450	0	5,516	華南銀行永和
三陽	董事	吳清源	0	1,000	6,000	中信商銀城東
仲琦	董事長	鄭炎為	0	1,200	3,583	彰化銀行思源
建準	董事長	優源投資	500	0	4,000	華南銀行東苓
文曄	副總經理	文興康	0	300	0	華南銀行中崙
穎台	董事長	黃建豐	0	50	685	瑞士銀行台北
東洋	董事長	林榮錦	0	538	2,475	蕭英鈞
群益證	董事	宏佳投資	0	5,659	38,730	兆豐票券金融
萬旭	董事長	萬泰科技	0	5,000	7,200	泰國盤谷銀行台北
擎亞	董事長	李熙俊	0	4,000	500	兆豐商銀內湖
志超	總經理	陳志弘	0	500	3,500	大眾銀行桃園

【2012 年 4 月 8 日 下午 01:54 W 小姐來信】

老師，謝謝您，分析的好清楚！主力抓的很精細。

老師請問：如果今天我看好一檔股，是要長期追蹤它的主力，看主力的買賣超與技術線形再來進出買賣。今天後可以繼續追蹤個股主力。請問老師，那今天前的個股主力我要如何追蹤？又大約以多長時段比較準確？

看老師幫我把建準的主力分析的這麼仔細，可是我要從何

處抓主力我還是一頭霧水。我還是散戶中的菜鳥。

【2012 年 4 月 9 日上午 11:03 筆者回信】

w 小姐：

在行情盤整時不要追高，寧可退場觀望。我已經休息一星期保持空手了，今天開盤大跌，我即利用跌勢時買神基（3005），因為昨天某券商買了 6598 張，佔了昨天成交量的 14.48%。今天我就考慮跟進了。我利用殺盤時等待，到了相對低點時，以市價買進，結果成交在 24.55 元（最低 24.4 元）。

現在是 26.1 元，已經安全了。也可以軋掉，也可以留倉，尚未決定。所以，我們一定要在昨晚就要做好功課，今天才能研判該買什麼股票，而不是臨場再選股。

匆祝操盤順利！

天龍

▶ Point 05　看書學習，是最上算的股票投資

【方天龍插播解說】

　　W 小姐的問題，我只回答到這裡。我曾經在自己的 Blog 說過，不回答個股的問題，可是後來基於一種悲憫與想要助人的心境，總是

忍不住又回答了讀者想要知道的任何訊息。但是由於來信太多，自己的時間有限，我實在沒辦法在讀者點到一個「個股」，就去研究一個個股，於是乾脆把自己在看的股票操作方式公布給「少數人」看，這也是一種辦法。（關於「神基」的戰法，請接續看本書第4篇詳解。）

　　以下是另一位先生的問題，讀者類似的探討內容很多，筆者就在此一併回答了吧！

【2012年4月13日下午2：20讀者來信】

方老師：

我因公司裁員，年紀又大了，一直不好找工作。只好在家休息，為養家餬口而投身於股市，但一直不順利，最近兩年幾乎把本金都快虧光了，不解的是，怎麼連買台積電都會賠錢！於是開始閱讀有關股市操作的書籍，但看了幾本股票的書都昏昏欲睡，只見封面都寫從一萬（或十萬）教你賺到一千萬……結果一大本裡面全是資料的堆積，毫無操作方法的指導。實在不知出版社印這些華而不實的書幹什麼。

近日又在書局找尋股市相關書籍時，偶然看到方老師最新大作《你的選股夠犀利嗎？》，竟讓我讀得入迷，常常整晚看您的書，不知不覺的，天就亮了，從來沒看過如此細膩有趣，又觸動人心、直接切入技術核心的股票書！我又

去買了一本《放空賺更多》，它開啟了我的新視野，才知道自己去年是怎麼賠在台積電的！深愛您的書，覺得每一本都有很高的啟發性，使我對股市重新燃起了希望。最近我開始賺錢了。一出門就想去找您的書。我有兩個疑問，想請老師解答：

1.老師書中提及籌碼的問題，都分析得很棒，但像我這樣的散戶該從哪裡找到有關個股籌碼的訊息呢？

2.老師說「研判能力比計算籌碼更重要！」請問如何增進我們的研判能力呢？

可否請方老師開班授徒呢？我從書中看出方老師是有真才實學的行家，我一定報名參加。

謝謝方老師的解答，感激不盡！

重新在股海中抓到浮木的小散戶 ××× 敬上

【2012 年 4 月 16 日 筆者敬覆】

感謝讀者的厚愛，很多來信，我都一讀再讀，卻沒有足夠的時間一封封回信，只好在此一併回答吧！

大部分股市新手都不知道如何找有關個股籌碼的訊息，我想大抵可以從以下的途徑著手：

一、大部分重要的公家機構，例如台灣證券交易所（http://www.twse.com.tw/ch/）、台灣銀行股市資訊網（http://fund.bot.

com.tw/z/index.htm）、股市公開資訊觀測站（http://mops.twse.com.tw/mops/web/index）、台灣期貨交易所（http://www.taifex.com.tw/chinese/home.asp）、證券櫃檯買賣中心（http://www.gretai.org.tw/ch/）及各大證券網站，都可以查到。尤其您可以從您掛單買賣股票的券商網站去找。有些營業員還會提供給您該券商的投顧或分析報告。一般比較大的券商網站都有一些個股的細節資料。

重點來了！其實，讀者往往並非找不到資料，而是沒去找，或者沒用心、花時間去仔細閱讀。請用大量的時間去把前述的網路一欄一欄地去看，必然會發現自己想要找的東西，其實都找得到。我曾經反問過不少讀者用的是什麼軟體看股票。他們多半沒有股票專業軟體，可是一樣可以告訴我哪些券商買了什麼股票、多少張等等，原來也有很多地方可以查到「三大法人及各大券商」的買賣進出狀況的。可見得他們都是用心地在做股票的。只要您肯用心、不要偷懶，這並非難題。

二、報紙、專業雜誌的股票版面，也可以找到相關的訊息。價格便宜，但資訊有限。

三、股票專業軟體，當然有比較深入詳細的資料，但閱覽費用較高。同時，股票專業軟體，如果您沒有一定的知識基礎，有時也用不上或幫助不大；有些軟體的銷售人員也

不會清楚回答您「所以然」的問題，只肯告訴你操作的方法。當然了，也有某些網站免費提供條件設定的「抓飆股」的方法，但因玩的人不知道它安全的位置（買賣點）及應變之道，有時反而被這些所謂的飆股害了。我的書常會把其中的陷阱與內幕公開出來，讓讀者有更深一層的考量。看書還是比較容易解惑。

四、書上使用的例子，越接近出版日期越好。書上要能舉很多實際上的例子提供了解，讓讀者舉一反三、同理類推。例如，我書中提到「集團股」，就曾經花了很多時間，作出一張所有集團的個股，並且一一找出他們分別是屬於上市、還是上櫃的什麼類股，做成一張總表，以方便讀者查閱。又例如說到平盤以下有哪些股票可以放空。我也是把所有的個股列出一張表。例如「外資布空單，勢必砍殺現貨」，我就會一步步地引導讀者上「台灣期貨交易所」去找十大交易人的籌碼資訊。其實，如果不靠書的指引，有時股市新手眼前有這麼一項表格，都還不知道應該看哪一欄呢？不過，股票書一定要挑近年出版的，因為股市的規定常有變革，而太久以前出版的書在當時作者並沒有寫錯，卻常會因沒有再版而無法及時更正，而留下了不正確的訊息，容易誤導讀者。

五、如何增進研判能力，我想，還是從看書著手吧！老師

的講座，一般都不會太便宜的。買書，是最節省的學習股票技術的方法。書上除了有正確的資料之外，還應有大量的分析、技術指導的文字，這樣對讀者比較有用。就像看棋譜一樣，除了棋子的位置之外，還應有老師的大量解說，這樣我們的棋力才能進步。

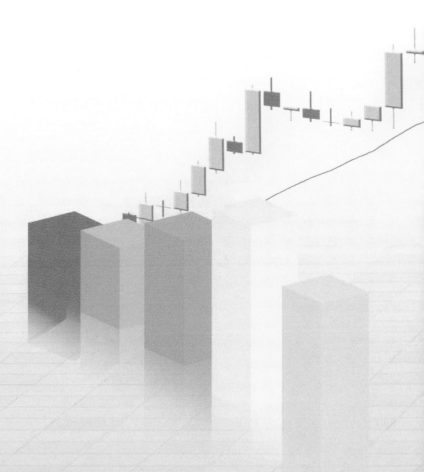

Chapter 4

洞悉主力，
再贏一半

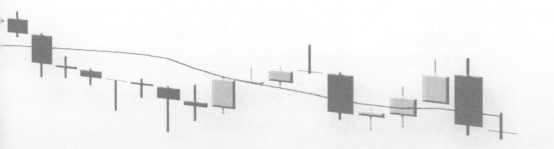

▶ Point 01　摸清籌碼，才能在跌勢中搶短

　　在本書第 3 篇中，W 小姐問到「從何處抓主力」的問題，可不是一兩句話說得清楚的。我簡單地用一個我冒險買「神基」的故事，來做說明。由於沒有時間說得太明白。那麼，在這裡，本教練就權充一次選手作個示範吧！於是，4 月 9 日筆者在盤中發信給這位善意的讀者，同時也用密件的方式發給幾十位「鐵桿粉絲」（我把 W 小姐在信中告知的任何個人基本資料，包括姓名、地址、電話等等資料全部刪除，以保護其隱私），不算是繼「和泰車」之後的第二張「明牌股」，因為我並未勸大家買進，只是提供作為參考而已。

　　在「神基」的跌勢中我除了抓主力以後，還要抓他的動向，結果都沒有受傷、還賺到錢，如果您不能學到我的研判能力，非常可能失敗的，因為這一檔股票可不像「和泰車」那麼有基本面；何況在大盤已形成 M 頭趨勢之後，作多者僥倖的機會並不大。

　　現在就來詳加解說，讓粉絲們知道我的選股及買賣點操作思維。只要用心揣摩，您也可以成為贏家！

　　2012 年 4 月 6 日加權指數的收盤是 7706.26 點，它的第二個交易日是 4 月 9 日，就是筆者發信給幾十位「鐵桿粉絲」（這是大陸股民對善意的讀者的說法）的日期。我在當天上午十一時就發信了，所以截圖就只到十點多。

圖 4-1　　　　　　　　　　　　　　　　　　　　　（圖片資料來源：XQ 全球贏家）

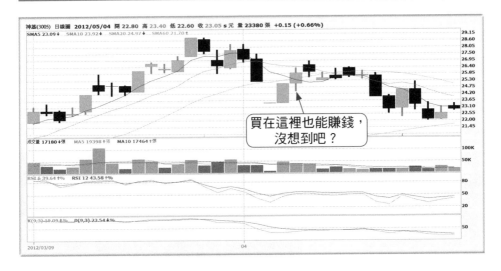

圖 4-2　　　　　　　　　　　　　　　　　　　　　（圖片資料來源：XQ 全球贏家）

　　請看圖 4-3。為了急於發 E-mail 出去，我沒多作解釋，只說了「某
券商買了 6598 張，佔了昨天成交量的 14. 48%。」（發信是直接說

出那家券商的名稱）。其實我在前一晚對這一檔股票，已在各方面都作過研究了。4月9日當天介入，極短線是安全的，但久了就不敢說了，因為強勢股在空頭時期是很容易補跌的。

圖 4-3　2012 年 4 月 9 日神基的盤中截圖　　　　　　　　（圖片資料來源：作者提供）

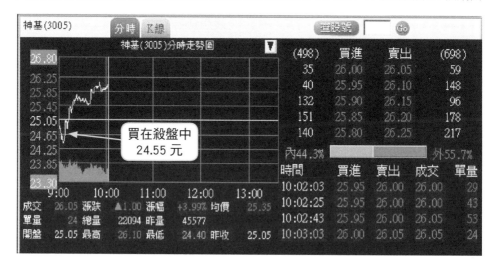

圖 4-4　這是 2012 年 4 月 9 日筆者的成交單　　　　　　　（圖片資料來源：作者提供）

這次示範，重點是：當股市大跌時，您敢買股票嗎？

請看圖 4-4，我在買進股票的時間點是上午九時四分四秒，這是成交的時間；成交價格是 24.55 元（最低殺到 24.4 元）。換句話說，

我是在大盤往下殺、「神基」也往下殺的過程中勇於買進的。當天一開盤就跌了 118.58 點（7706.26 點—7587.68 點）。而且開盤之後就繼續向下殺，最低殺了 176.87 點（7706.26 點—7529.39 點），來到 7529.39 點。而我大約是在大盤殺到 165 點左右，以市價（就是漲停板的價格）遞出「神基」（3005）的買單的。

2012 年 3 月 29 日之後，我就覺得行情已經確定走空了，所以一個星期多一直保持空手，以免受傷，同時我也不斷呼籲寫信給我的讀者退場觀望或減量經營。相信那段時日收到我回信的讀者都有印象。然而，在 W 小姐的來信「問我如何抓主力」之後，我在 4 月 9 日就親自下海買進一檔股票了，那就是神基（3005）。我在前一天晚上作過功課，覺得「神基」可以試試極短線買進、極短線賣出。我也不想追高，所以在 4 月 9 日下殺的時候買進。我的買點很低，上午 9 時 4 分 4 秒成交在 24.55 元，後來它最高來到 26.35 元，我並未軋掉（就是當天用融資買進、融券賣出同樣張數的當沖作為），反而通知少數好友買進，並說明隔一天「有高就出」。因為我認為隔一天還有高點可期，這也是我敢發信給讀者作參考的原因。我還很高興「神基」當天沒有急拉漲停，而是高檔盤整到收盤，收盤是 25.9 元，並未收得太高。

由於讀者不一定當天都開電子郵箱，所以只有少數讀者是在當天就跟進，回報給我的都說買在 26 元左右。而請看圖 4-6，第二天（4 月 10 日）果然最高來到 26.9 元。

圖 4-5　2012 年 4 月 9 日的「神基」分時走勢

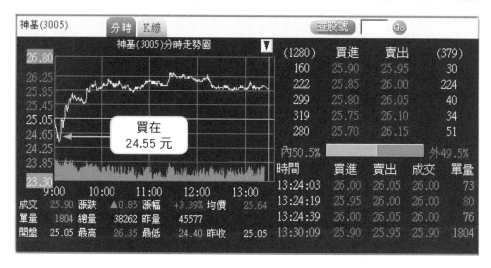

圖 4-6　2012 年 4 月 10 日的「神基」分時走勢

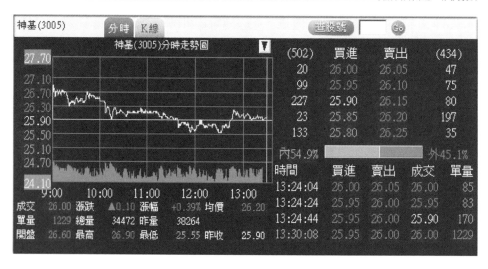

先賣後買，沒事也要賺一點差價

2012 年 4 月 10 日的大盤是開高走低的格局，我們的個股操作自然也得配合如此的節奏，所以我立刻先券後賣，賺了一個成功的當沖！

當沖的意思是保持庫存股票並未賣出，而同時賺到差價。既然賺到差價，那就等於我的持股成本（24.55 元）又降低了！即使「開高走低」最後收 26 元，我還是穩賺的。

只要股價能創新高、有高價，就是安全的股票。但是，我在第二天對「神基」的操作策略卻是玩了一趟「先賣後買」的當沖。因為根據我的「經驗值」，台股一開高，就容易往下殺，然後才看看要繼續往上或往下。於是，我一見第二天開高，立刻「先賣再說」。

「先賣再說」策略的最大好處，就是萬一看錯了（股價往上飆），也不必遺憾。因為我賣價是 26.7 元（最高 26.9 元），距離前一天買的 24.55 元成本，已經是賺了。站在「不貪」的觀點，也沒什麼損失。

讀者請看圖 4-7 和圖 4-8，從筆者的買賣成交時間及價位，應該可以揣摩一下，什麼叫做「當沖」。所謂當沖，並非先買後賣（同一天先用融資買股票，再用同樣數量融券賣出股票）才叫「當沖」；先賣後買（同一天先用融券賣出股票，再以同樣的數量融資買回股票），也一樣是「當沖」。像這樣股票「資券沖銷」，只要計算差價即可，完全不需要付出本金。所以，當沖如果玩得好，有點類似「無

本生意」。但是，前提是一定得軋掉才行。當天用融資買進多少張股票，就得當天用融券賣掉多少張股票；或者當天先用融券賣掉多少張股票，也得當天用融資買回多少張股票才行。

圖 4-7　2012 年 4 月 10 日我在「神基」的買賣時間點。 （圖片資料來源：作者提供）

圖 4-8　2012 年 4 月 10 日我的買賣成交報告。 （圖片資料來源：作者提供）

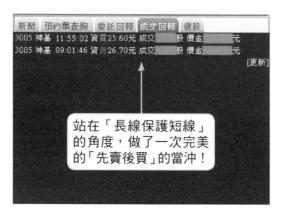

不過，我這次的「當沖」，倒不是一般正規的「當沖」，但同樣也可以賺差價。我用的是資賣，然後資買，因為我聽我的營業員說，這樣手續費用比較便宜。有股市新手問過我，該用資賣，還是券賣。是這樣的：您必須手上有股票，才能資賣；手上沒有股票只能券賣。但是券賣必須用資買，才能「當沖」，否則就是「放空」。而如果您是資賣的話，也可以不必補回來，那就是您已經獲利了結了。

在大主力介入之後的股票，並不一定會連拉三個停板的。有時也會洗洗盤，讓那些沒有信心的人（這叫做「浮額」，我們通常說「洗清浮額」就是這個意思）先下轎，然後股價才繼續向上，這樣在主力攻堅的時候，才不會有太大的壓力。所以萬一第二天才追高的讀者也不必懊惱。能向下攤平當然最好，否則持股抱牢即可。如果因被短套而感到「惶惶不可終日」的話，那一定是您的股票買得過量了，超過您能力可以負荷的程度。

筆者這次的買賣張數極少，所以很輕鬆；人一輕鬆，玩當沖就容易成功。請讀者切記，您即使再有多大的把握，也別用「成敗超過您心理所能負荷」的張數去「搏」。

【方天龍總結解說】

表 4-1

	多頭主力排行	平均成本	庫存張數
1.	A 主力	24.41	10,570
2.	B 主力	24.02	7,350
3.	C 主力	24.23	4,444
4.	D 主力	25.16	3,409
5.	E 主力	23.58	3,353
6.	F 主力	23.05	2,747
7.	G 主力	22.94	2,680
8.	H 主力	23.8	2,442
9.	I 主力	22.93	2,376
10.	J 主力	24.34	1,745
	約略平均成本	23.85	

表 4-2

	空頭主力排行	庫存張數
1.	空方老大	－ 2,844
2.	空方老二	－ 2,722
3.	空方老三	－ 2,088
4.	空方老四	－ 1,866
5.	空方老五	－ 1,355
6.	空方老六	－ 1,346
7.	空方老七	－ 1,322
8.	空方老八	－ 1,244
9.	空方老九	－ 1,171
10.	空方老十	－ 1,166

一、在表 4-1 和表 4-2 中，我們可以看出，神基應該是歸屬於作多的。因為它的多頭主力實力，遠比空方老大強大得多。這點和本篇前述的「建準」（2421）可是大異其趣。

二、在表 4-1 中，A 主力在 2012 年 3 月 16 日起連買四天，尤以頭一天買 7781 張最多，當天均價 25.23 元。在我 4 月 9 日買股的最近三天都沒有大動作。至於我買股的前一天（指前一個交易日——4 月 6 日），大買 6598 張（均價 24.64 元）的主力，其實是新主力。然而，這位主力實力頗為雄厚，一買就是 6598 張，立刻竄紅到第二名！

三、在觀察「神基」的日線圖中，3 月 16 日為什麼有一個大量呢？因為前一天是漲停板。這個漲停板是由將近 20 個隔日沖主力硬拉上去的，所以隔一天全倒出來了。這就是我在《你的選股夠犀利嗎》所說的「人為的漲停板」，會改變技術線型的意義的。股市新手一追高就死了！

四、神基為什麼沒被隔日沖的主力打死呢？因為所幸排行第一名的多頭主力是它的救星。3 月 15 日買漲停板的主力全部賺錢了，因為多方主力的老大「買單」了！有些法人主力很清楚，這些像「蝗蟲過境」式的隔日沖大戶，不過是「求財」麼，就讓他們賣吧！賣完了也就沒有賣壓了，正好拉抬！所以該主力在 2012 年 3 月 16 日起連買四天，尤以頭一天買 7781 張最多，當天均價 25.23 元。他的買單使得「神基」的股價一直往上到最高 28.85 元才稍作休息。盤整幾天

後，又開始走上坡路了。所以這檔股票無論如何都是作多的！而「買單」的法人主力也並沒有虧錢，甚至是最大的贏家！

圖 4-9 　　　　　　　　　　　　　　　　　　　（圖片資料來源：XQ 全球贏家）

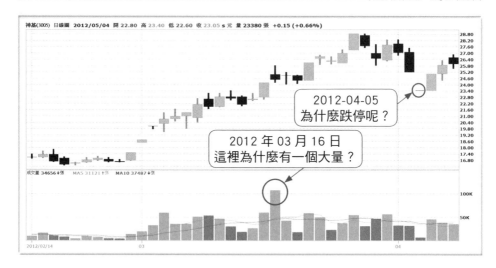

　　五、至於是誰在 4 月 5 日把「神基」打到跌停板呢？凶手是某一位主力（這裡不提券商名稱）。從多方、空方的陣營來看，他都不是主將，頂多只是個過客。4 月 5 日當天他只賣不買，總共出掉1604 張，這批賣單佔了當天總成交量的 26%。這麼大的賣單殺出來，神基當天能不死一回嗎？這位大戶主要是把他自己從 3 月 28 日到 4月 3 日之間陸續買到的股票一次出掉。可惜從買賣價的統計來看，他卻是認賠的，買價都在 27 元以上，而 4 月 5 日這天竟然全部一個價，全賣 23.45 元！好慘烈啊！我不曉得這位主力的恐懼何在？可能是被

大盤的大跌嚇壞了。經筆者一查，2012 年 4 月 5 日大盤跌 121 點，盤中有不少個股是跌停板的。這一位主力大概也是嚇破膽的操盤手之一吧！

六、接著，我再來分析 4 月 9 日的盤面。

先說這天買盤的來源：這天能夠上漲 3.39%，收 25.9 元，最大的功臣是 F 大戶（25.16×1522），其次是 G 大戶（25.21×424），這兩位大戶並非是多頭陣營前十名的主將，而是反空為多。前者目前的庫存量是 -284 張，後者目前的庫存量是 -132 張。賣超都不多了。

筆者是如何研判出他們是反空為多的呢？因為他們都不是多方前十名的主力群，而是空方陣營的人馬。這次急於作多，是警覺到融券最後回補日即將來到，對空方不利。因為 2012 年的股東會已訂於 6 月 22 日舉行，最後過戶日是 4 月 23 日，停止過戶期間：4 月 24 日到 6 月 22 日。4 月 13 日就是停券日了。停止融券期間：4 月 13 日～4 月 19 日。停止融資期間：4 月 17 日～4 月 19 日。融券最後回補日是 4 月 16 日。這些日期給空方有無限的壓力！

到 4 月 9 日為止，融券還有 12,633 張。券資比是 20.04%。最近兩天融券都有增加。4 月 6 日增加 1807 張，4 月 9 日增加 2358 張。如果多方主力有心軋空的話，這 12,633 張融券單，勢將成為助漲的力量。

圖 4-10

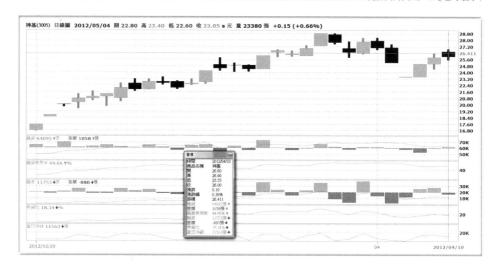

七、接著，筆者來談談這天賣盤的來源：

這天的賣盤主要來自兩位大戶：一位是 H 大戶，他玩隔日沖，只賺到便當錢。也就是說，他在 4 月 6 日買進股票 24.42 元 ×610 張，然後在 4 月 9 日賣出股票 24.6 元 ×617 張。兩天就完成一個「隔日沖」了。

另一位是 K 大戶，他在 3 月 30 日買 27.18 元 ×1008 張，買了之後，「神基」連續跌了三天，這位習慣隔日沖的大戶都出不掉股票，因而當 4 月 6 日、4 月 9 日神基走勢轉好時就急著認賠出掉股票了。他手上的千張股票分別在兩天內出光，4 月 6 日先賣掉股票 24.85 元 ×508 張、4 月 9 日再繼續賣出股票 26.05 元 ×499 張。因此，在此一戰役中，他變成短線客了，因為總共經過五天才出貨完畢。為何如此認賠呢？想必在資金周轉上有不得不先行賣出的苦衷。

▶Point *04* 短期套牢股，如何思考才抱得住？

在下跌時候買股票，本來就是「火中取栗」的事，因為大盤不好的時候，個股不會獨強。如果天天都強的股票，走不遠的。所以，不必渴望天天都急拉狂拉。只要不是跌停板，就表示主力並沒有棄守。即使是多頭時期強勢股也得「輪漲」，總不能天天都漲你手上的股票。所以如果您追買強勢股而被短套，就得「忍一下」。例如4月11日，神基全程都在盤下，您是否已經把它認賠了呢？強勢股短套，是不必換股的。操作的心態應作如是觀：

一、如果您是賺錢的，可以賣掉，也可以不賣。

二、如果您是賠錢的，千萬別隨便認賠，因為如果您是股市新手，更別動輒沒有耐性地認賠然後換股操作，因為您也不能保證換到其他股票一定幫您賺回損失的錢，那將會在此股輪漲轉強時失去機會，變成「抓龜走鱉」，令您跺腳不已！

三、4月11日的神基不該換掉的理由有二：第一，是量縮價穩（量由34656張縮到14724張），價格並未跌破主力的成本區（23.85元左右）；第二，請看圖4-11，最佳買賣五筆價格的資料不是顯示掛買的張數比掛賣的張數多了883張（1127張－244張）嗎？這已彰顯了主力護盤的誠意。您必須從這些細節去思維，那麼您就抱得住股票、賺得了大波段！

圖 4-11 2012 年 4 月 11 日的神基走勢 （圖片資料來源：作者提供）

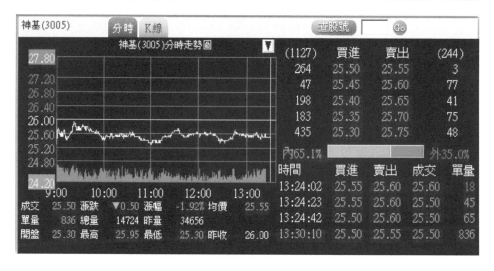

圖 4-12 （圖片資料來源：XQ 全球贏家）

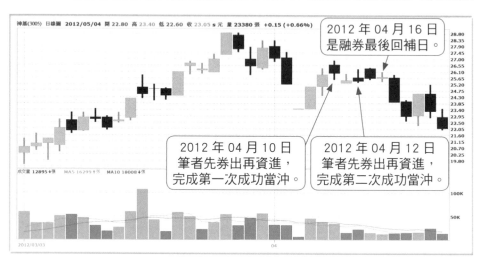

　　圖4-11是2012年4月11日的神基走勢。整天的行情都在盤下，筆者沒有任何動作。忍耐！忍耐！

我深信多頭的主力群，也在忍耐中。到了 2012 年 4 月 12 日，從「交易明細」中，我發現這天的主力似乎發威了，拚命上攻。我心中大喜，但是後來我發現賣壓也挺強的，連續三次都攻不過 26.3 元，於是我採取先資賣再資買的類似「當沖」策略，用市價先行殺出了，上午 9 時 34 分 6 秒成交在 26.25 元。

然後就不看盤了。直到下午 1 時左右再回來，發現神基已經被打到盤下了，趕快以市價買進，結果下午 1 時 10 分成交在 25.45 元（最低 25.35 元）。收盤 25.45 元，和我的買價一樣。不過，我已經賺到差價了。（見圖 4-13 及圖 4-14）

圖 4-12 是我 4 月 10 日及 4 月 12 日兩次當沖的日線圖位置，4 月 16 日是「神基」的「融券最後回補日」。

圖 4-13　2012 年 4 月 12 日的神基走勢　　　　　　　　　　（圖片資料來源：作者提供）

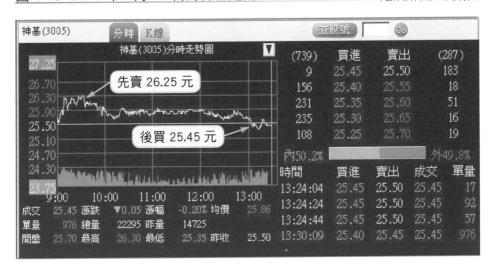

圖 4-14 筆者第二次完成神基的成功當沖

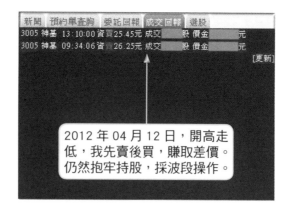

【2012 年 4 月 12 日盤後評述】

圖 4-15 （圖片資料來源：XQ 全球贏家）

圖 4-16 （圖片資料來源：XQ 全球贏家）

2012 年 4 月 12 日盤後，計算了一下籌碼，列出多方和空方陣營的主將如下：

表 4-3

	多頭主力排行	平均成本	庫存張數
1.	A 主力	24.52	12,230
2.	B 主力	24.18	72,38
3.	C 主力	24.29	4,356
4.	D 主力	25.19	3,414
5.	E 主力	23.66	3,391
6.	F 主力	23.92	2,589
7.	G 主力	23.62	2,414
8.	H 主力	22.93	2,371
9.	I 主力	24.6	2,352
10.	J 主力	23.95	1,810
約略平均成本		24.08	

表 4-4

	空頭主力排行	庫存張數
1.	空方老大	－ 2,823
2.	空方老二	－ 2,087
3.	空方老三	－ 1,853
4.	空方老四	－ 1,776
5.	空方老五	－ 1,549
6.	空方老六	－ 1,330
7.	空方老七	－ 1,268
8.	空方老八	－ 1,235
9.	空方老九	－ 1,196
10.	空方老十	－ 1,104

一、今天的買力來自多方 A 主力的護盤。他今天買了 1647 張，均價是 25.81 元，可是收盤卻只有 25.45 元。所以明天他應該力圖振作才行，雖然他的整體均價大約 24.52 元，不過今天慘遭晚輩踢館也該討回來吧！

二、今天賣得最凶的空方主力，卻不在空方陣營的前十名。為什麼呢？因為他把 3 月 3 日買進的千餘張股票，今天一股腦的倒出來了，所以庫存所剩無幾，當然排不上前十名了。簡單地說，今天之後，他就 OUT（出局）了！

三、目前看來空方前五名都有某一天的賣超量特別大，這是他們的底線：

空方老大 4 月 3 日有 2320 張的賣超（均價 25.22 元）

空方老二 3 月 16 日有 2009 張的賣超（均價 25.23 元）

空方老三 3 月 20 日有 1660 張的賣超（均價 24.64 元）

空方老四 3 月 22 日有 1796 張的賣超（均價 26.41 元）

空方老五 4 月 10 日 760 張的賣超（均價 26.34 元）

從今天的收盤價來看，空方的老大、老二、老三都已經受傷了。如果多方主將聯手強勢攻擊，這三人勢必繳械投降。尤其對多方有利的是，「神基」因 6 月 22 日要開股東會的緣故，4 月 16 日將是融券最後回補日。目前融券尚有 7,679 張，似乎也有助漲的力量。

四、我比較擔心的是空方老四、空方老五的反撲，因為他們都還處於獲利的狀態，鬥志比較堅強。尤其空方老五特別厲害，本波段最

高價 26.9 元就是他賣下來的。他的財力之雄厚，我素有印象。曾見過他一口氣放空「宏碁」萬餘張，被小軋空，隔一天竟然再放兩萬多張，把多方打得滿地找牙。這傢伙實在凶悍！不得不防！

表 4-5

日期	融資買進	融資賣出	融資現償	融資餘額	融資增減	融資限額	融資使用率
2012/04/12	6,256	7,903	7	63,497	-1,654	143,527	44.24%
2012/04/11	6,064	4,997	11	65,151	1,056	143,527	45.39%
2012/04/10	9,753	8,693	2	64,095	1,058	143,527	44.66%
2012/04/09	8,186	8,322	260	63,037	-396	143,527	43.92%
2012/04/06	8,793	12,743	51	63,433	-4,001	143,527	44.20%
合計融資餘額增減數					-3,937		

日期	融券賣出	融券買進	融券券償	融券餘額	融券增減	券資比	資券相抵
2012/04/12	333	1,452	8	7,679	-1,127	12.09%	6,051
2012/04/11	0	2,945	2	8,806	-2,947	13.52%	0
2012/04/10	1,034	1,898	16	11,753	-880	18.34%	11,563
2012/04/09	3,831	1,471	2	12,633	2,358	20.04%	13,584
2012/04/06	4,182	2,360	15	10,275	1,807	16.20%	13,166
合計融券餘額增減數					-789		

【2012 年 4 月 23 日盤後綜合評述】

一、這檔股票在 2012 年 4 月 16 日面臨了一個特殊的日子，就是「融券的最後回補日」，基本上這一天的前一個交易日（4 月 13 日），還有 5294 張的融券，理當有軋空氣勢，可是您注意到沒有？從 4 月 9 日開始，當天融券餘額是 12,633 張，4 月 10 日就減少了 880 張，剩下 11753 張；4 月 11 日融券餘額又少了 2,947 張，剩下 8,806 張；4 月 12 日融券餘額又少了 1,127 張，剩下 7,679 張；4 月 13 日融券餘額又少了 2,385 張，剩下 5,294 張，而股價並沒有被拉高，可見得是有大戶在賣股票了。

二、當我們發現一檔股票與您的預期有落差的時候，就得毅然而然地賣掉，毫不留情地賣掉，這才是股票的投資之道。我不是在本書第 1 篇開宗明義地說了嗎？這裡是「戰場」而非「情場」，情場可以依依不捨、若即若離；而投資股票發現情況不對，就得「說甩就甩」。所以，我在融券的最後回補日（4 月 16 日）就把股票賣了，因為我覺得 5,294 張的融券被迫必須補回，至少可以讓股票維持在不低的狀態，應該好賣才對。

三、不料 4 月 16 日的大盤非常糟糕（見圖 4-17），「神基」的走勢也不佳，頂多維持在平盤附近而已（見圖 4-18）。

圖 4-17

（圖片資料來源：作者提供）

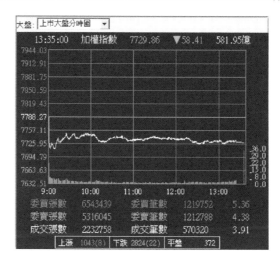

圖 4-18

（圖片資料來源：作者提供）

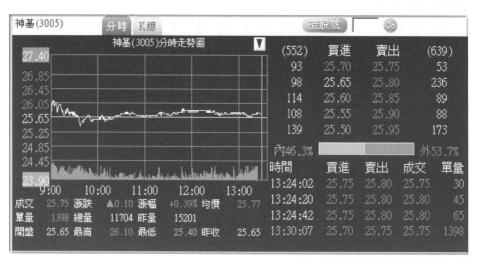

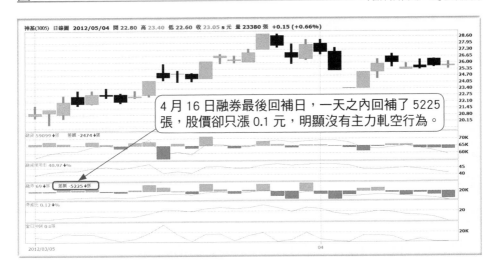

圖 4-19 （圖片資料來源：XQ 全球贏家）

4 月 16 日融券最後回補日，一天之內回補了 5225 張，股價卻只漲 0.1 元，明顯沒有主力軋空行為。

　　四、在賣出股票的 2012 年 4 月 16 日盤後，我發現數據顯示，當天是融券最後回補日，確實有 5,225 張融券回補了。請見圖 4-19，一天之內回補了 5,225 張股票，「神基」的股票竟然只漲 0.1 元，明顯沒有主力軋空的行為。筆者非常失望，也慶幸賣掉了，因為不賣掉，隔一天就是跌停板了！

　　五、請看圖 4-20 及及表 4-6，融券連續回補五天之後，一沒有融券，股價立刻完全沒有支撐，2012 年 4 月 17 日的「神基」竟然跌停板了！賣出股票以後，我習慣性沒再去研究主力的籌碼，不知那些新進的主力是否也傷到了？老主力是沒有問題的，因為他們如果長期作多，成本價都是很低的。老主力不必擔心，他們不在乎一兩次的跌停，只要時候到了，他們以龐大的資金一拉就上來了。所以大主力永遠是贏家，就是這個道理。

六、當時我仍忙著在寫這本書，所以無法兼顧太多，據我知道，4月9日盤中跟進「神基」的讀者，隔天（最高26.9元）都獲利了結了，倒是有一位讀者次日才追高，還追在26.7元的高價。這是我忐忑不安的一點。不料，4月19日（這時已經停資停券了）「神基」突然轉強，我看到的就是大資金不斷投入的盤中現象。果然，最後拉到最高的漲停板了（24.55元）。我欣喜無比地問那位讀者，幸好他還沒認賠，不然可真對不起他了。但是，也別高興太早，有高還是要出的，不必看得太樂觀。第二天就是逃命線，最高25.2元已超越那位讀者的買價而可以小幅獲利了，務必要出清股票。

表 4-6 「神基」（3005）的融資融券表

時間	收盤價	融資	差額	融資使用率	融券
2012/4/6	25.05	63433 張	-4001 張	44.20%	10275 張
2012/4/9	25.9	63037 張	-396 張	43.92%	12633 張
2012/4/10	26	64095 張	1058 張	44.66%	11753 張
2012/4/11	25.5	65151 張	1056 張	45.39%	8806 張
2012/4/12	25.45	63497 張	-1654 張	44.24%	7679 張
2012/4/13	25.65	61573 張	-1924 張	42.68%	5294 張
2012/4/16	25.75	59099 張	-2474 張	40.97%	69 張
2012/4/17	23.95	53397 張	-5702 張	37.01%	0 張
2012/4/18	22.95	49657 張	-3740 張	34.42%	0 張
2012/4/19	24.55	48078 張	-1579 張	33.33%	0 張
2012/4/20	23.3	55136 張	7058 張	38.22%	769 張
2012/4/23	22.1	54383 張	-753 張	37.70%	502 張

七、我為什麼說 4 月 20 日是逃命線呢？請翻開拙著《你的選股夠犀利嗎》第 28 頁，這裡提到：

「什麼時候賣出呢？我想，既然我們已經在殺到骨頭之後加碼攤平，主力也是。那麼，大家都有一個共識，那就是急於解套出逃！沒錯！」

在空頭期間，主力也在忍受空襲，只要有機會，大部分成本比較高的新主力都會拉高出貨，不會長期戀棧。所以當股價高的時候，一定要提防他們脫逃。一般未經過訓練的散戶常常是「悲觀時看得更悲觀，樂觀時看得更樂觀」，這常常是失去警覺、忘了脫逃的主因。

差額	券資比	當日沖銷	註解
1807 張	16.20%	13166 張	
2358 張	20.04%	13584 張	筆者 24.55 元買進股票。
-880 張	18.34%	11563 張	筆者當沖賺差價成功。
-2947 張	13.52%	0 張	
-1127 張	12.09%	6051 張	筆者當沖賺差價成功。
-2385 張	8.60%	0 張	
-5225 張	0.12%	0 張	融券最後回補日，收盤前賣出股票。
-69 張	0.00%	0 張	股價被打到跌停板。
0 張	0.00%	0 張	
0 張	0.00%	0 張	
769 張	1.39%	3593 張	股價最高來到 25.2 元，是逃命線。
-267 張	0.92%	419 張	

圖 4-20

（圖片資料來源：XQ 全球贏家）

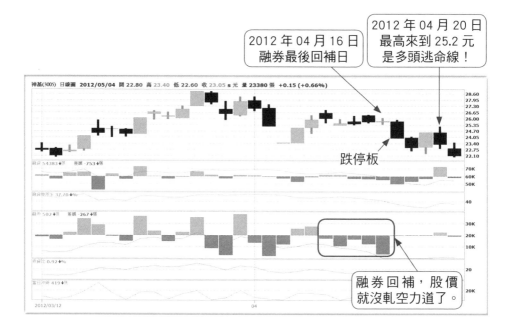

2012 年 04 月 16 日
融券最後回補日

2012 年 04 月 20 日
最高來到 25.2 元
是多頭逃命線！

跌停板

融券回補，股價
就沒軋空力道了。

　　2012 年 4 月 16 日的大盤一直在盤下匍伏前進，終場下跌 58 點；
而神基的走勢也非常離奇，所有的主力似乎都睡著了，竟然沒有一絲
拉抬的動作。這一天是融券的最後回補日，空頭輕輕鬆鬆地在低檔回
補了 5225 張，完全沒有主力拉抬的痕跡，也完全沒有軋空的行為。
這個徵兆是一大警訊，在極度悲觀時不必太悲觀（4 月 17 日股價既
已跌停板了，就不必賣股票），在極度樂觀時也不可太樂觀（4 月
19 日拉漲停、次日續漲），要懂「抓主力」的思維，才能作我們股
票操作的依據。──這又涉及我們的「研判能力」了。

　　如果您能「抓到主力的心思」，猜對他想幹什麼，也許就不必去

研究「抓主力的籌碼」，計算他有多少股票了。這倒是最簡易的、買賣進出時機的研判方法。

Chapter 5

買賣時機精準密碼①—月、季線交叉

一隻壁虎誤入鱷魚池，遭到鱷魚追殺，情急之下，壁虎急中生智，一把抱住鱷魚大叫：「媽媽！」

鱷魚一愣，立刻老淚縱橫：「都瘦成這樣了，就不聽我的話，不讓你買股票，你偏要去，看看股市縮水都把你縮成什麼樣子了！」

這段笑話，講的是投資股票的悲劇，寓意是：投資一定要小心！

寫了那麼多本技術分析的書，透露了那麼多股票操作的奧秘。就好像捧出了大魚大肉，讓讀者吃到飽。其實，對股市新手來說，提示健康飲食的意義也很重要。也就是說，青菜、水果也不能偏廢！

這指的是什麼呢？就是上股市戰場應有的心態。有一個勵志的小故事，需要向股市新手強調一下：

一個年輕人接替了他父親的砍柴工作，便很興奮地展開他的樵夫生涯，開始賣力工作。第一天，他砍了三十棵樹，老父親聽了很高興，說：「做得不錯！」

年輕的樵夫聽了好開心，第二天，他更賣力地工作，但卻只砍了二十五棵樹；第三天，他再度加倍努力，竟比第二天還少了五棵，一直到一個月過後，它平均一天只能砍十棵不到的樹。年輕的樵夫覺得很難過，跑到父親那兒說自己不知該如何是好，因為自己的力氣好像越來越小了！

父親遲疑了一會兒，問道：「你上一次磨斧子是多久前的事了？」

在此，我們不妨將故事中父親問年輕樵夫的話改為反問自己：「您上一次好好休息，是多久前的事了？」一個不懂得適度休息的人，猶如一條被長期緊拉的橡皮筋，久了，將會失去彈性，也會失去其功用。在股市衝撞的年輕人，常常是「馬不停蹄」的玩個不停，甚至一年三百六十五天都得出手不可，否則便會手癢。

玩股票，玩得順也罷，玩不順，不僅影響到心情，也影響到工作。真是得不償失！

一位法人投資操盤手告訴我：「我們不玩短線，短線看不準，也浪費時間。大多數散戶投資股票之所以會失利，問題皆出在追高殺低；如果不是出自這個原因，往往則是在高價賣出股票後，便立即再買進其他股票，最後終究難逃慘遭套牢的厄運。」

這位投資高手講得沒錯。我曾經在書中表達了「短線積極操作，可以比長線賺得多」的概念，但那畢竟指的是高手。對於一般股市新手來說，頻頻換股操作，由於錯誤的選股及停損，往往會讓僅有的資金慢慢縮水，猶如鱷魚變成壁虎。歸咎原因還是股市新手動作太猛、不懂得「停手」。

股市投資的賺錢之道是買低賣高。正確的節奏應該是：低價買進、高價賣出，然後停手；等候自己看好的股票回到低價區，再重新低價

買進。在這「低買、高賣、休息」、「低買、高賣、休息」三部曲中，一般散戶多半少了一個「停手」（休止符）的節拍。

▶Point 02　見好就收，獲利「期望值」不要過高

【2012 年 4 月 10 日下午 5 時 17 分　M 先生來信】

老師的大作《你的選股夠犀利嗎？》一出版我馬上就去訂購了，馬上拜讀果然又讓我成長很多，但真的有種感覺盡信書不如無書，老師的觀察與同類書有些解釋不一樣，但老師解釋得很清楚。

我常常都無法變通，讓我最近很挫折，感覺很徬徨！

4/10 大聯大 資買 39.00 09:01，我買進原因：

1.我查出來主力摩根大通買超 870 張佔昨日 11%，美商美林近幾日也都是買超，今日轉為賣超 440 張，但美商美林成本應該還不至於有賺，怎會今日賣超，我也不太懂，希望老師能教我如何看懂主力，主力是誰我也摸不清楚，德意志亞洲，港商麥格裡，港商里昂，這三主力近兩日也沒有大幅賣超，所以這樣怎知道誰力量比較強勢呢？我一頭霧水，老師書上教的跟我看完全不一樣，好難過！

2.技術指標，RSI，KD，都是交叉向上的，寶塔跟 MACD 也有往上的趨勢，也位於上坡路。但為什麼今日不強勢

了？無法向老師您抓「神達」一樣那麼厲害！或抓其他股票知道他馬上就做出攻擊！

老師我真的很崇拜您，你每一本著作我都有觀看3次以上，但就是抓不到要領！

之前台股上漲那一波段，大盤上漲1000點，我那時候都有賺錢大概賺1萬多，我的本金9萬，報酬率也不如大盤，但我3/29到現在，短短幾天就把我賺的都賠回去了，心情很不好受，希望老師您可以幫幫我！　　祝操盤順利！

【2012年4月11日筆者的回信】

M先生：

從您的信中，我感受到賺錢的急切，這都是資金短缺者的散戶宿命，越是急於賺錢，越是容易失敗。因為您4月10日剛買「大聯大」，才不到一天，您就覺得「很挫折」，那像我們都曾經歷過崩盤的人怎麼辦呢？

建議您珍惜金錢，少做多看，把功力學好再進場吧！我在最近半個月都不太進場的，幾乎是保持空手狀態。前天才搶了個短線（買神基）。您做股票一定要看時機、注意大盤的走勢，才決定要不要進場，像現在的位置是M頭，月線和季線都快要死亡交叉了。您就儘可能不要冒險了，尤其不要把資金全部放進股票池中，否則必然會痛苦萬分。

至於大聯大，多方主力是 A、B、C、D，空方主力是 E。（註：這裡有實際的券商名稱告訴該讀者，本書隱去）

天龍

【方天龍插播解說】

　　M 先生的來信，給我很深的感慨。「我一頭霧水……為什麼今日不強勢了？……為何無法馬上就做出攻擊？」類似的信件其實很多，記得有一位讀者在提出他所買的股票時問我：「老師，這個主力為什麼不把它直接拉到漲停板呢？」當時看到信時，不覺莞爾。真是一位可愛的讀者！每一位投資人都有一種過高的「期望值」，恨不得自己所買的股票一買就被拉到漲停板。然而，主力也許子彈已經不多了，也許怕賣壓上身，他的動作必然有他的操作邏輯。只是我們不懂而已。懂的人，就可以知己知彼、百戰百勝了。

　　期望一步登天的人，請看看台股的一些奇蹟：

　　看到沒有？圖 5-1 是 2010 年 12 月 24 日筆者截圖下來的「凌越」（6236）分時走勢圖，它是一檔電子股，也是一檔 IC 設計概念股。

　　這是 2010 年 12 月 24 日我盤後截圖的，當時只覺得很好玩，所以截圖收藏。此刻，筆者寫書時是 2012 年 4 月 11 日，這檔股票還在上櫃中，是一檔全額交割股，已經 13.3 元了。您敢買嗎？一張就可以當主力了，但你敢買嗎？不擔心有人一賣又是跌停板嗎？

　　不信嗎？看看圖 5-2，2012 年 4 月 11 日這天不就是一張就把它

打到跌停板了嗎？將心比心，從這個例子，你就可以知道擔任主力也是戒慎恐懼的，哪能說拉漲停就拉漲停？

圖 5-1

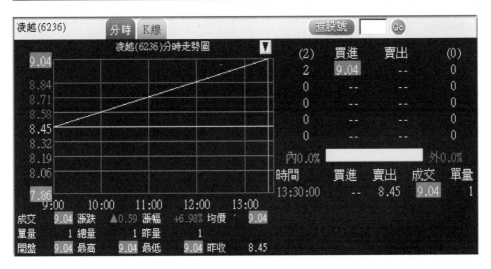

圖 5-2

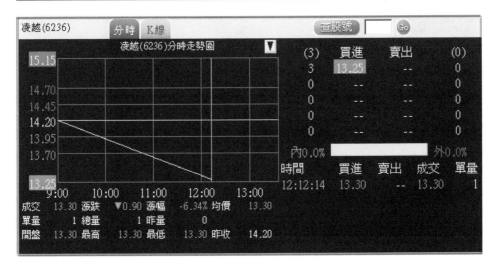

也許這樣的例子太極端，那麼我們再看看 2012 年 4 月 11 日這天「良維」的分時走勢圖（圖 5-3）吧！您能解讀這直直的一條線是什麼意思嗎？

圖 5-3

（圖片資料來源：作者提供）

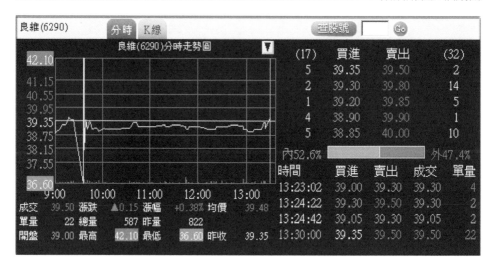

圖 5-4

（圖片資料來源：XQ 全球贏家）

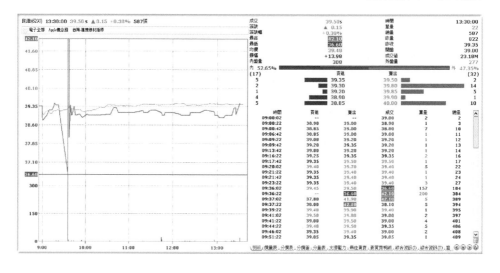

我們看圖5-4右下方的「買賣交易明細」，就可以知道怎麼回事。原來是在上午9時36分2秒，被一筆157張的大賣單打到跌停板，隨後又在下一筆200張的大買單，拉上了漲停板。於是，出現了這麼有趣的走勢圖。

但是，您知道如此忽而跌停、忽而漲停的「地獄、天堂」之旅，其內涵是什麼嗎？不知道，是吧？所以，股市的水是很深的，絕對不要魯莽行事，以免辛苦從上班賺到的錢輕易又在股市流失了。

您認為「良維」在2012年4月11日這天的奇特走勢是錯帳嗎？因為賣錯了，才趕快補回來？還是……您認為是兩位主力多空對決，才造成這種結果？或者，您認為是有人在玩「當沖」？

都猜錯了。那不是兩筆買賣單，而是湊巧吧！因為從券商買賣的籌碼即可看出，36.6元的買盤來自近十家的券商，最大的一筆也不過31張，其餘有的買23張，有的買15張，有的買10張……所以並非一筆錯帳。有些券商也都不是在同一價位買賣的，只是比較集中在那個時段。更有說服力的是，這檔股票在4月5日已經停止融券、4月9日又已經停止融資了。要到4月12日才恢復融資、融券。所以，2012年4月11日這天只能用「現股」買賣、根本不能做「當沖」！

如果您沒辦法找出這樣的「真相」，就別學做「短線」；如果學做短線，也不要期望這麼高——今天買，就要求今天「立刻發動攻擊」，否則你就難過得不得了。那麼投資股票不是找罪受嗎？

▶ Point 03　月線和季線交叉，多空關鍵時刻

　　筆者曾經說過，散戶比較適合玩短線，積極操作，可以把小錢重複使用；大戶比較適合價值投資論者，一次性收穫。可是，我經常接到讀者來信，我發現散戶所以「積極操作」並非是善於利用小錢，作最好的安排，而是因急於賺錢，反而因功力不夠「欲速則不達」！最明顯的例子就是把非常少的資金一次投入，並且用融資去買，希望儘快買到飆股，一次性翻身。然而，這樣做，一旦被套住，就全沒輒了。而且因融資的槓桿原理，賠錢反而更快！

　　好比你只有 10 萬現金投入股市。用融資買股票，可以買 25 萬元的股票（融資六成，你只要付出四成）。假設碰上跌停板五次，本金就光了。可見即使是小資金，也得不蝕本才玩得起啊！

　　為了保護功力不夠的股市新手，筆者建議您當股市不利多頭的時候，迅速撤出資金，或多看少做。有些大股東一年才做一兩趟而已，便是給我們散戶很好的學習模式。筆者有一位朋友就是如此，他每年六月的除權旺季就忙著選購股票、全力投入，大約做到十月份左右才忙完，然後農曆過年前再做一趟。簡單地說，就是選好做的時刻才做。──這也就是本篇所要強調的主題：如何選擇「買賣時機」！

　　比較有時間看盤的讀者朋友，我則建議您做波段操作，好做的時間點才做，不好做又不熟悉放空技術時，寧可退場觀望。例如 2012 年 3 月以來就是不好做的時段，那就休息。把資金抽出、休息，是

最好的策略！台灣早年的財政部長郭婉容說過「股票不賣，就不會賠錢。」這句名言，早已被行家攻擊得體無完膚了，筆者不忍再落井下石，但是還是必須提醒股市新手，股票一直在股票池中不賣，是會被咬上一大口的，會把你多次小賺一次賠光的。所以最好是保持空手，就安全了。留得青山在，不怕沒柴燒。惟有不蝕本，將來有「好做的機會」才能翻身！

什麼時機是股票可以介入的買點和賣點呢？就是月線和季線交叉的時刻。

請看圖5-5，月線和季線交叉，是多空的分水嶺。短天期（SMA20，叫做「月線」）和長天期（SMA 60，叫做「季線」）交叉向上，是有利多頭的線型；「月線」和「季線」）交叉向下，則不利多頭。

圖 5-5 　　　　　　　　　　　　　　　　（圖片資料來源：XQ 全球贏家）

其實，這點判斷的方法在筆者《你的選股夠犀利嗎》一書中已經說過了，但因該書的「高潮」太多，反而不明顯。我相信許多讀者都忽略了它的重要性。在許多的指標中，這是筆者認為精準度較夠的一種，但是現在我要進階地告訴股市新手們，不要用死硬的方法去看待這樣的指標，它還有許多細節必須了解的。且聽筆者以最新的時刻（2012年4月11日）作進一步作說明。

▶ Point 04　買進時機，如何預先研判出來？

先說「買進時機」：

一、趨勢抓得準，不擔心買進訊號遲來

用月線和季線交叉的關係作為多空分野，是一種很準的趨勢。但是，這樣的指標其實也算是落後的指標。就好像現今的「氣象報告」一樣，由於科學的進步，雖然許多颱風的形成已經可以透過氣流的移動而預先得到訊息，但是仍常有延遲來到的情況。我們股票的技術分析也是一樣，並非不準確，只是延遲來到而已。

我們看圖5-6，圖中的月線和季線交叉向上之後，確實有利多頭，但是在「正式交叉」之前，多頭其實已經啟動了。所以我們必須有先見之明才會增加獲利或減少損失。

2012年4月10日讀者M先生來信說的「我3月29日到現在，

短短幾天就把我賺的都賠回去了，心情很不好受」，就是因為他是「死多頭」，在行情不利多頭，仍把資金陷在股票池中才會有這種感受。我想，在不利多頭的情況下，強勢股有時也會補跌的，手腳不夠快，再高明、再犀利的選股術也可能不靈了。這正是本書的主旨。選股固然重要，買賣時機也很重要。

圖 5-6　　　　　　　　　　　　　　　　　　　　　　　　（圖片資料來源：XQ 全球贏家）

2012 年 01 月 30 日，當月線交叉季線向上時，多頭已經啟動多天了，所以是落後指標。

二、多頭母子線，已經宣告大行情來到

如何研判出買進時機而儘早進場買股票呢？請看圖 5-7，這三條 K 線，已構成了強大的買進訊號，是一個完美的底部區形態，其後不久的月線和季線交叉向上，只是時間的問題而已。圖 5-7 所框起來的前兩條 K 線，構成了「多頭」的「孕育線」，又叫做「多頭母子線」，加上第三天的跳高開高，更是強勁。

圖 5-7

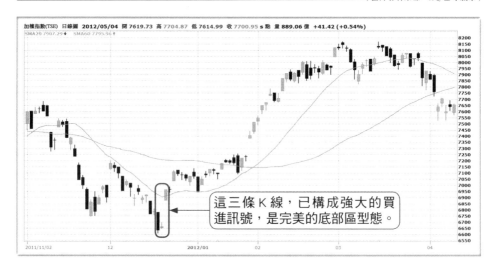

這三條 K 線，已構成強大的買進訊號，是完美的底部區型態。

在技術分析中，有一種由兩根 K 線（一黑一紅）所構成的線型組合，叫做「孕抱線」，也稱為「多頭母子線」、「多頭孕育線」，或「多頭身懷六甲」。它的特徵是在經過一段下跌的行情之後，突然殺出一根「長黑線」。這根長黑線，可說是散戶已到絕望時的忍痛認賠出場。有點「看破一切，豁出去了」的意味！

不論是大盤或個股，從線型上觀察，會賣的，早就賣了；堅持苦撐的短期套牢者，也賣光了；最後一批殺出者的認賠行動，於是造成了加權指數或某一檔個股的「中長黑」陰線。

這麼一來，賣壓也就沒有了。接下來的買盤來自以下的幾股力量：

❶ 高檔拔檔者，就在此時開始回補了。

❷ 空手者見漲，也躍躍欲試逢低買進。

❸ 中線套牢者，多半採低檔少量攤平。

❹ 放空者緊張，怕被軋空趕快補空單。

只要這些買盤的力道同時輕輕敲進，盤勢就能夠開高走高，造成 K 線收紅。

我們看圖 5-8，這圖中的第一根黑線（黑實體）和第二根紅線（紅實體），看起來是不是很像一個大人和一個小孩？所以，才叫做「母子線」；它們看起來也很像一個懷了孕的母親，是吧？所以才叫做「身懷六甲」。

圖 5-8　由兩根 K 線組合而成的「孕抱線」。

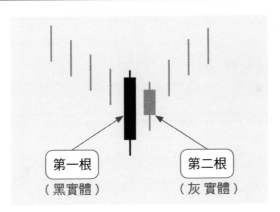

「多頭孕育線」的名稱很多，有叫「孕抱線」，也有叫「多頭母子線」的，也有叫「多頭身懷六甲」。它是由一黑、一紅兩根 K 線組合而成，通常是在經過一段下跌之後，忽然又殺出一根長黑線。這根長黑線，是散戶已經受不了一跌再跌、越賠越多，終於忍不住認賠

殺出的結果。一根長黑的隔日，突然跳空開高，而且還能收高，雖然收高後仍比昨天的開盤價低，但是它的意義卻像如一路慘遭追殺的「多頭」，突然一大早突襲空頭前日攻下的陣地，而且突襲之後，沒有撤退，反而在空頭的土地上站穩腳跟。這顯然是一個趨勢可能轉變的訊號，至少代表原來的趨勢改變了的現象。尤其圖 5-7 中，在最低點的 6609.11 點之後的第三天，又來了一個跳得極高的大紅線，形成了突破缺口，更是多頭啟動的強烈訊息。

有了這樣的技術型態，其後的月線穿越季線而上，只是更加印證多頭的「大好江山」已經全部收復了！

以下是與「多頭孕育線」相似度較高的個股的範例：

圖 5-9 　　　　　　　　　　　　　　　　　（圖片資料來源：XQ 全球贏家）

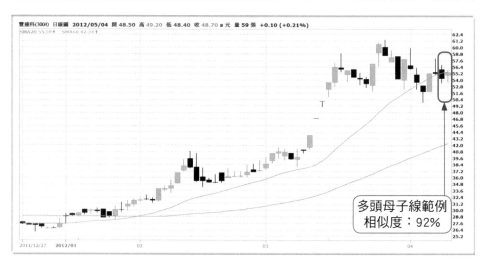

圖 5-10 　　　　　　　　　　　　　　　　　　　　　　（圖片資料來源：XQ 全球贏家）

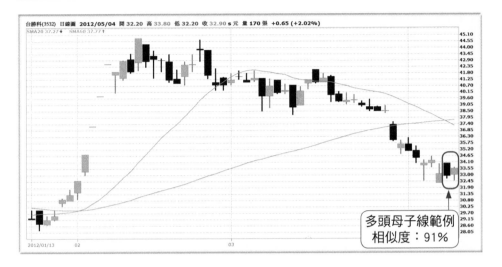

多頭母子線範例
相似度：91%

圖 5-11 　　　　　　　　　　　　　　　　　　　　　　（圖片資料來源：XQ 全球贏家）

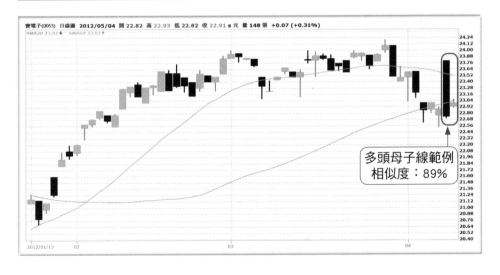

多頭母子線範例
相似度：89%

▶ *Point* 05　賣出時機，如何預先發現警訊？

其次，我們再來看看「賣出時機」：

一、歷史會重演，四連黑給你重大啟示：

請看圖 5-12，大家是否還記得筆者《放空賺更多》一書（恆兆文化公司出版／第 14 頁），有這麼一張圖？請看看 2011 年這「連四黑」的走勢吧！簡直是「重力加速度」，一天比一天跌得重！

2011 年 2 月 8 日，收 9111.46 點，跌 33 點！

2011 年 2 月 9 日，收 9006.82 點，跌 104 點！

2011 年 2 月 10 日，收 8836.56 點，跌 170 點！

2011 年 2 月 11 日，收 8609.86 點，跌 226 點！

再看看圖 5-12 左下方的「連四黑」：

2011 年 3 月 10 日，收 8642.90 點，跌 107 點！

2011 年 3 月 11 日，收 8567.82 點，跌 75 點！

2011 年 3 月 14 日，收 8520.02 點，跌 47 點！

2011 年 3 月 15 日，收 8234.78 點，跌 285 點！

尤其在圖 5-12 右上方的「連四黑」，更像 2012 年 3 月份的走勢：

2011 年 6 月 8 日，收 9007.53 點，跌 49 點！

2011 年 6 月 9 日，收 9000.94 點，跌 6 點！

2011 年 6 月 10 日，收 8837.82 點，跌 163 點！

2011 年 6 月 13 日，收 8712.95 點，跌 124 點！

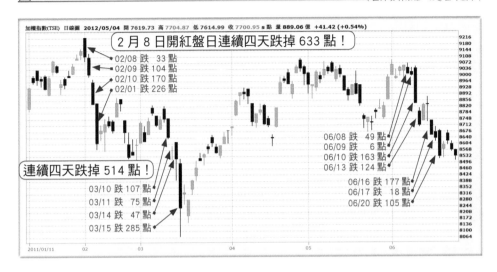

圖 5-12　　　　　　　　　　　　　　　　（圖片資料來源：XQ 全球贏家）

在圖 5-13 中，我們也發現 2012 年 3 月 3 日～ 3 月 7 日的「四連黑」給我們發出了第一次警訊：

2012 年 3 月 3 日，收 8114.44 點，跌 29 點！

2012 年 3 月 5 日，收 8004.74 點，跌 109 點！

2012 年 3 月 6 日，收 7937.97 點，跌 66 點！

2012 年 3 月 7 日，收 7903.08 點，跌 34 點！

然後，在同一個月中，緊接著小小的反彈之後，3 月 15 日～ 3 月 20 日又來了一個「四連黑」，不啻是給我們發出了第二次警訊：

2012 年 3 月 15 日，收 8121.62 點，跌 3 點！

2012 年 3 月 16 日，收 8054.94 點，跌 66 點！

2012 年 3 月 19 日，收 8043.92 點，跌 11 點！

2012 年 3 月 20 日，收 7972.70 點，跌 71 點！

在「山頂」上的高檔整理盤，有了這樣的「四連黑」，是比「三隻烏鴉」的技術線型（請參考筆者所著的《股票獲利智典技術面篇》一書及《放空賺更多》第 20 頁）更糟糕的徵兆！在「四連黑」行情之後下來的機率非常高。既然我們玩股票是「賭機率」的，那麼豈能輕忽這樣的警訊呢？

圖 5-13 （圖片資料來源：XQ 全球贏家）

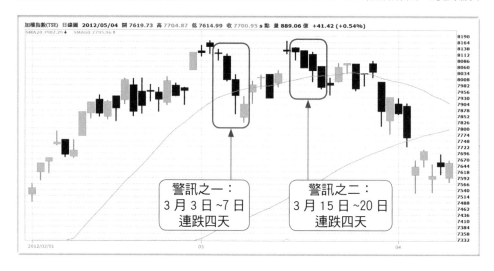

二、若線型會落後，可同時看看其他指標：

我們看圖 5-14，已經知道月線交叉季線向上了，本來是有利多頭的，很多人都在這個階段賺到了錢。但是到了 8170 點的高度，就得有預判的能力。我們一定不要在技術分析的「數據」正式成立之後，

才執行動作，而是要有點想像力。2012年3月26日，大盤跌108點，收黑。我們看月線的走勢，就應該預判它會下彎才對。既然預判會交叉，就應該退場觀望，才不會受傷；不能等到月線和季線正式交叉向下才收手，因為到時就太晚了。

本文前面提到讀者M先生的信，他信中說到「在2012年3月29日以後，把之前所賺的錢都吐出去了」，我們看看圖5-14的大盤日線圖，即知，3月29日之後，趨勢確是跌的，在M頭的走勢中做多，本來就是「火中取栗」的事啊！在這樣的行情中操盤作多，是事倍功半的。如果手癢，就把筆者的《放空賺更多》重新拿出來溫習溫習吧！在這樣的趨勢下，那本書裡也有很多相當犀利的放空招式，可以參考。

圖 5-14

（圖片資料來源：XQ 全球贏家）

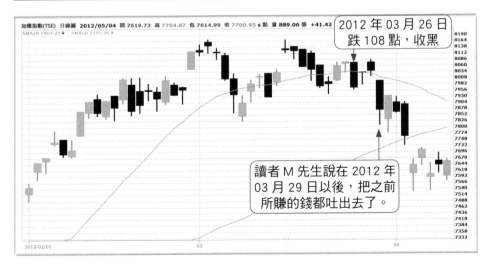

2012年4月23日，筆者在寫完本書時，重看圖5-17的最新發展，果真交叉向下了。可見得趨勢一旦形成之後，是很難改變的。今後我們一定要發揮一點「想像力」，在兩線尚未交叉時，就預感會交叉（在線型彎下來時就得注意了），那樣才不會被「落後指標」的技術線型所拘泥，也才會儘快研判出最大可能的行情變化。請看圖5-16，在月線和季線還沒交叉之前，很容易令投資人迷惑，畢竟指標有時是落後的。但是，在技術線型彎下來之前，也有其他的指標可以參考。請看圖5-15及5-17，我們可以發現3月29日其實已經跌破了三角型趨勢線的底部了，那一天就是正式轉空的日子。

　　如果用多種技術指標來看這一段行情，您將會發現，技術分析還是滿準的。如果不懂「下降三角形趨勢型態」的股市新手，請參考筆者的《技術面獲利智典》一書。

圖 5-15 下降三角形型態，一旦跌破，行情就走空了。

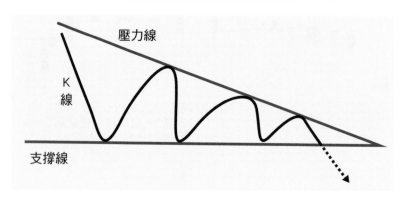

圖 5-16　　　　　　　　　　　　　　　　　　　　　　　　（圖片資料來源：XQ 全球贏家）

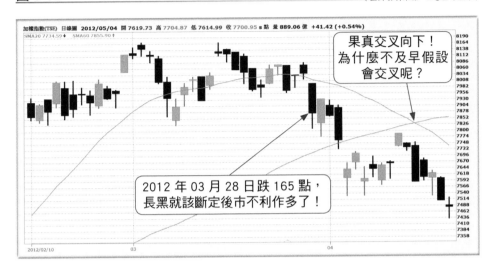

圖 5-17　　2012 年 3 月 29 日行情就已經走空了　　　　　　（圖片資料來源：XQ 全球贏家）

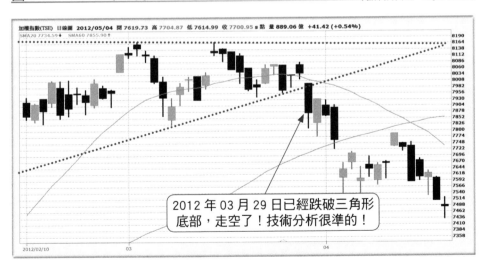

Chapter 6

買賣時機精準密碼②—晨星高掛

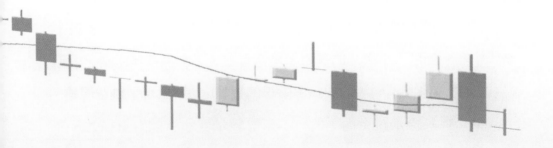

三線組合、兩個跳空，拉開了序幕

在技術分析中，有一種由三根 K 線所構成的線型組合，叫做「晨星」，也稱為「早晨之星」，或者叫做「旭日東升」。一般來說，「晨星」是很重要的多頭型態，也是買進時機。通常它是在下跌的過程中出現形成的，所以很常見，不可不知。

「晨星」的產生，是由於在短線上空方的「賣力」已經有枯竭的現象所造成的。請看圖 5-1，在經過一段下跌的行情之後，出現一根中長黑的 K 棒，這根 K 棒表示趨勢持續在空頭的下探過程中，什麼時候可以止跌，還看不出來。

但是，接下來的第二根 K 線，卻改變了它的命運。這根 K 線不是「小紅」就是「小黑」的實體。是否有上、下影線都無所謂。重點是：在實體本身和前一天的中長黑陰線的實體之間，出現了跳空現象。

第二根 K 線是跳空而下的，本來應該是表示空頭力量很大、多頭力量很弱，但是這個組合的第二根 K 線的實體卻相對比較短小一點，表示空方的力量到此已經減弱了。所以才沒辦法再繼續於尾盤摜壓、殺出中長黑線。

至於第三根 K 線，則是一根中長紅實體，和前一天的「小紅」或「小黑」的實體之間，再度出現向上的跳空。如果中長紅的實體越長，那多頭翻升的可能性越大、回升的力量也越強。

換句話說，晨星這三條 K 線的組合之中，就出現了兩個「跳空」：

第一根 K 線和第二根 K 線的實體之間，有跳空；而在第二根 K 線和
第三根 K 線的實體之間，也有跳空。總共存在了兩個「跳空」。

　　其中第二根 K 線分為兩種型態：一種是紅實體的，那麼這樣的
三條 K 線組合，就叫做「陽線晨星」，即圖 6-1；一種是黑實體的，
則這樣的三條 K 線組合，就叫做「陰線晨星」，即圖 6-2。

圖 6-1　陽線晨星

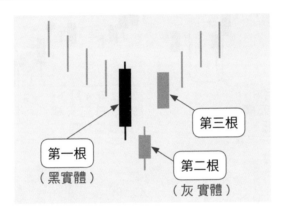

圖 6-2　陰線晨星

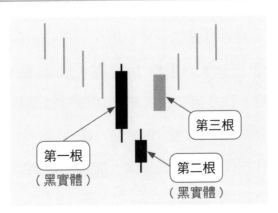

大盤前景如何，晨星提示了希望

如何正確地辨別是不是「晨星」呢？我們以筆者截稿（2012年4月12日）前最新的加權指數日線圖來看看吧！

圖 6-3

（圖片資料來源：XQ 全球贏家）

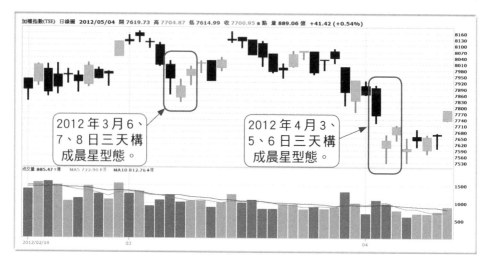

2012年3月6、7、8日三天構成晨星型態。

2012年4月3、5、6日三天構成晨星型態。

在圖 6-3 中，我們可以發現兩個標準的「晨星」組合的型態：

❶ 2012年3月6日是第一根K線，加權指數開盤8006點，最高8028點，最低7860點，收盤7937點，跌66點。

2012年3月7日是第二根K線，加權指數開盤7846點，最高7937點，最低7824點，收盤7903點，跌34點。

2012年3月8日是第三根K線，加權指數開盤7952點，最高8000點，最低7905點，收盤7984點，漲81點。

以上的數字是把小數點去掉，讓讀者更容易清楚地辨別什麼是晨星。如果您不是很清楚它和其他的線型組合的不同，是不敢隨便認定的。

　　這裡的重點是：第一、第二根 K 線都是在下跌的行情中（跌 66 點和 34 點），而且第一根是中長黑的陰線（跌 66 點算中陰線）；第二根 K 線的紅實體是在第一根 K 線黑實體之外，也就是說：它是屬於跳空下跌的。第三根 K 線的紅實體是在第二根 K 線的紅實體之外，也就是說：它是跳空上揚的。這一切都合乎我們前面對於「晨星」的論述。

　　❷ 2012 年 4 月 3 日是第一根 K 線，加權指數開盤 7896 點，最高 7907 點，最低 7723 點，收盤 7760 點，跌 102 點。

　　2012 年 4 月 5 日是第二根 K 線，加權指數開盤 7603 點，最高 7667 點，最低 7528 點，收盤 7639 點，跌 121 點。

　　2012 年 4 月 6 日是第三根 K 線，加權指數開盤 7667 點，最高 7713 點，最低 7638 點，收盤 7706 點，漲 66 點。

　　以上的數字，也是把小數點去掉，讓讀者更容易清楚地辨別。至於中間為什麼沒有 4 月 4 日呢？因為當天休市。K 線組合談的都是指「連續的交易日」組合，所以假日就略去不予估算。

　　這裡的重點是：第一、第二根 K 線都是在下跌的行情中（跌 102 點和 121 點），而且第一根是中長黑的陰線（跌 102 點算長陰線了）；第二根 K 線的紅實體是在第一根 K 線黑實體之外，也就是說：它是

屬於跳空下跌的。第三根 K 線的紅實體是在第二根 K 線的紅實體之外，也就是說：它是跳空上揚的（漲 66 點）。這一切都合乎我們前面對於「晨星」的論述。

表 6-1

(方天龍製表)

日期	2012 年 3 月 6 日	2012 年 3 月 7 日	2012 年 3 月 8 日
開盤	8006.85	7846.49	7952.94
最高	8028.02	7937.11	8000.93
最低	7860.87	7824.45	7905.50
收盤	7937.97	7903.08	7984.56
漲跌	－ 66.77	－ 34.89	＋81.48
漲跌幅	－ 0.83%	－ 0.44%	＋1.03%

日期	2012 年 4 月 3 日	2012 年 4 月 5 日	2012 年 4 月 6 日
開盤	7896.72	7603.31	7667.90
最高	7907.62	7667.04	7713.24
最低	7723.39	7528.03	7638.05
收盤	7760.85	7639.82	7706.26
漲跌	－ 102.05	－ 121.03	＋66.44
漲跌幅	－ 1.30%	－ 1.56%	＋0.87%

▶ Point **03** 學到「晨星」這一招，一季獲利六成

接著，我們來看看個股吧！不僅大盤的加權指數有「晨星」的組合，個股也同樣有「晨星」的組合。

例如，請見圖 6-4，愛地雅（8933）在 2011 年 12 月 19 日、20

日、21 日這三天，便是「陰線晨星」的組合，其後引發了從 8.11 元的低點飆到 12.8 元的高點。漲幅 57.82%。不過才一季的功夫，獲利達六成之多，所以讀者諸君對這一招要好好用功才是！

在同樣的圖 6-4 之中，我們也可以看到 2012 年 3 月 29 日、30 日以及 4 月 2 日，這三天則是「陽線晨星」的 K 線組合。

在前後兩個「晨星」組合之中，我們可以發現一個奧秘，就是第 4 天很重要。一般懂得「晨星」技術線型的人多半很衝動，見到第四天跳空開高，便很興奮地追高，結果有時也會「小套」一下。我的建議是分批介入。先買幾張，萬一下殺時再重重地接它一把。因為它可能會小小洗盤一下，何妨在盤整完畢再大筆買進？

圖 6-4 　　　　　　　　　　　　　　　　　　　　　　（圖片資料來源：XQ 全球贏家）

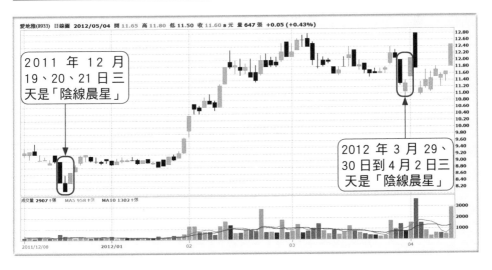

表 6-2

時間	開盤價	最高價	最低價	收盤價	成交量	MA5	MA10
2011/12/19	9	9	8.37	8.37	518	242	214
2011/12/20	8.37	8.58	8.11	8.11	348	265	221
2011/12/21	8.35	8.67	8.35	8.67	279	284	234

2011 年 12 月 19 日、20 日、21 日這三天的「愛地雅」，是「陰線晨星」的組合。

表 6-3

時間	開盤價	最高價	最低價	收盤價	成交量	MA5	MA10
2012/3/29	12	12	11.25	11.3	1390	913	722
2012/3/30	11.05	11.4	10.9	11.3	703	1002	715
2012/4/2	11.5	12.05	11.5	12.05	1521	1244	804

2012 年 3 月 29 日、30 日以及 4 月 2 日的「愛地雅」，是「陽線晨星」組合。

　　我們再來舉一個實例看看，請見圖 6-5，「飛宏」（2457）在 2011 年 12 月 19 日、20 日、21 日這三天，也是「陰線晨星」的組合，其後引發了從 31.75 元的低點飆到 44.15 元的高點。漲幅 39.05%。同樣的，也不過才一季的功夫，獲利達四成之多，這是非常奇妙的，不是嗎？看一看，這三天的日期竟然和「愛地雅」（8933）完全一樣！

　　在同樣的圖 6-5 之中，我們也可以看到 2012 年 4 月 3 日、5 日以及 6 日，這三個連續的交易日，則是「陽線晨星」的 K 線組合。

　　在前後兩個「晨星」組合之中，我們可以發現一個奧秘，就是第 4 天很重要。這第四天有「先蹲後跳」的意味，不懂的人很容易被洗掉了。

圖 6-5　　　　　　　　　　　　　　　　　　　　　　（圖片資料來源：XQ 全球贏家）

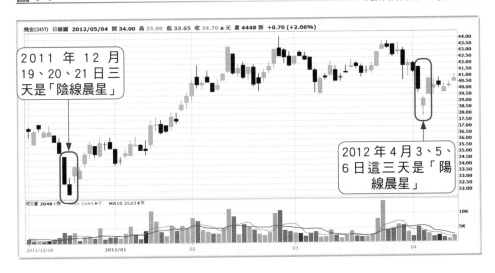

表 6-4

時間	開盤價	最高價	最低價	收盤價	成交量	MA5	MA10
2011/12/19	34.75	34.75	32.6	32.6	3791	1816	1465
2011/12/20	32.6	33.1	31.75	31.75	2879	2266	1617
2011/12/21	33.25	33.95	32.7	33.95	3640	2774	1881

2011 年 12 月 19 日、20 日、21 日這三天的「飛宏」，是「陰線晨星」的組合。

表 6-5

時間	開盤價	最高價	最低價	收盤價	成交量	MA5	MA10
2012/4/3	41.7	41.7	39.65	39.9	5156	4419	5550
2012/4/5	38.6	39.35	37.85	39.15	3581	3929	5651
2012/4/6	39.5	40.85	39.5	40.75	2823	3357	5139

2012 年 4 月 3、5、6 日「飛宏」的三個連續交易日，是「陽線晨星」組合。

　　我們再來看看圖 6-6，瑞軒（2489）在 2012 年 4 月 3 日、5 日以及 6 日，這三個連續的交易日，也是「陽線晨星」的 K 線組合。

不過，比較不同的是，它的第二根 K 線其實是個「鐵鎚線」，也可以叫做「鎚子」、「錘頭」、「探底線」或「下阻線」。瑞軒第二天的開盤價 20.75 元並不等於收盤價（20.85 元）及最高價（20.85 元）的，只是這個紅色的實體比較單薄一點而已。但不論如何，這三線組合也包含了兩個「跳空」：第二天是跳高向下，而第三天就往上了，開盤就是 20.9 元，儘管「跳空」跳得並不高，一般人容易誤判，但仔細分辨價位，就知道是「晨星」，沒有錯。

圖 6-6

（圖片資料來源：XQ 全球贏家）

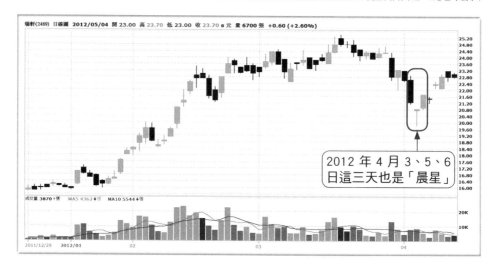

表 6-6

時間	開盤價	最高價	最低價	收盤價	成交量	MA5	MA10
2012/4/3	22.65	22.9	21.15	21.25	7779	7292	6669
2012/4/5	20.75	20.85	19.8	20.85	8389	8317	6507
2012/4/6	20.9	21.75	20.8	21.75	5271	6726	6252

2012 年 4 月 3、5、6 日「瑞軒」的三個連續交易日，是「陽線晨星」組合。

接著，我們再來看看圖 6-7，「志超」（8213）的情況，也和瑞軒差不多。它在 2012 年 4 月 3 日、5 日以及 6 日，這三個連續的交易日，也是「陽線晨星」的 K 線組合。

圖 6-7　　　　　　　　　　　　　　　　　　　　　　（圖片資料來源：XQ 全球贏家）

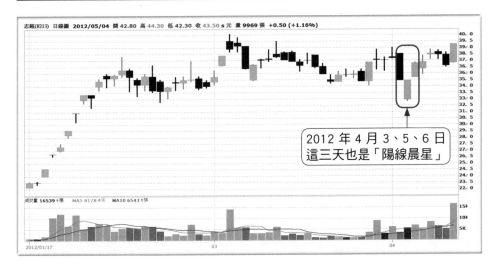

2012 年 4 月 3、5、6 日
這三天也是「陽線晨星」

表 6-7

時間	開盤價	最高價	最低價	收盤價	成交量	MA5	MA10
2012/4/3	38.3	38.3	35.15	35.15	3345	4936	3022
2012/4/5	32.9	35.15	32.7	35.15	5437	5324	3395
2012/4/6	35.5	37.3	35.5	37.15	6762	4909	3957

2012 年 4 月 3、5、6 日「志超」的三個連續交易日，是「陽線晨星」組合。

▶ *Point* **04** 類似的線型結構，也有類似的作用力

我們再來看看圖 6-6，和大（1536）在 2012 年 3 月 6 日、7 日以及 8 日，這三個連續的交易日，也是「陽線晨星」的 K 線組合。

「和大」是一家上市公司，是「電機機械」類股，屬於「汽車零組件」的產業。股本是 15.83 億。

除了 2012 年 3 月 6、7、8 日這三天，4 月 3、5、6 日這三天的 K 線組合也有點類似「晨星」。但是，4 月 5 日這天的開盤價是 13.95 元，相對於前一天的收盤價（14.95 元）也算是「跳空下跌」了，但是它的最高價（15.15 元）卻已高過前一天的黑線實體部分，所以不能說是標準的「晨星」。

圖 6-8

（圖片資料來源：XQ 全球贏家）

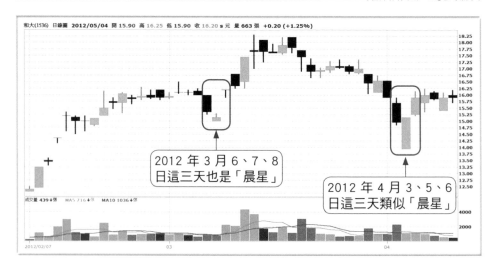

但是，我們對於類似的線型結構，也應該一體看待，因為它們的作用力是一致的，只是力道有別而已。既然玩股票是「賭機率」的，那我們便不能把所有的「數據」都太死板對待。因此，在我們操作個股時，仍宜把它歸類為「晨星」。

表 6-8

時間	開盤價	最高價	最低價	收盤價	成交量	MA5	MA10
2012/3/6	16	16	15.25	15.35	940	823	923
2012/3/7	15	15.3	15	15.15	788	820	866
2012/3/8	16.2	16.2	15.9	16.2	2252	1065	1009

2012 年 3 月 6、7、8 日「和大」的三個連續交易日，是「陽線晨星」組合。

表 6-9

時間	開盤價	最高價	最低價	收盤價	成交量	MA5	MA10
2012/4/3	15.7	15.9	14.85	14.95	2285	1299	1151
2012/4/5	13.95	15.15	13.95	15.15	972	1355	1066
2012/4/6	15.25	16.15	15.2	15.9	1014	1207	1065

2012 年 4 月 3、5、6 日「和大」的三天，是非常類似「陽線晨星」的組合。

其次，我們再來看圖6-9，「尚志」（3579）在2012 年 4 月3日、5 日以及 6 日，這三個連續的交易日，也是「陽線晨星」的 K 線組合。

「尚志」是一檔上市的電子股，產業屬性是 IC 製造業。它的股本也小，只有 11.54 億。

圖 6-9

（圖片資料來源：XQ 全球贏家）

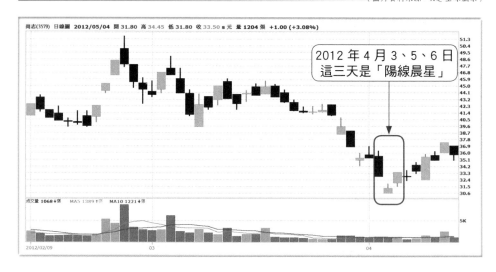

2012 年 4 月 3、5、6 日
這三天是「陽線晨星」

表 6-10

時間	開盤價	最高價	最低價	收盤價	成交量	MA5	MA10
2012/4/3	35.6	36.3	32.85	32.85	1259	1272	1032
2012/4/5	30.6	31.9	30.6	31.3	1246	1225	1052
2012/4/6	32	33.45	31.55	33.45	1258	1178	1086

2012 年 4 月 3、5、6 日「尚志」的三天，是「陽線晨星」的組合。

　　我們再看圖 6-9，「和鑫」（3049）這檔上市電子股，是華新麗華集團的個股，屬於華碩「變形金剛」概念股。它的股本並不小，有 88.4 億元。不過，股性倒很活潑，經常有法人或主力間歇地玩它。

　　從它的日線圖看來，「和鑫」在 2012 年 3 月 29 日到 4 月 6 日連續經歷了兩個「晨星」的組合。也就是說，2012 年 3 月 29、30

日及 4 月 2 日這三天的 K 線組合，算是一個「晨星」；而 2012 年 4 月 3、5、6 日，又算是另外一個「晨星」。這兩個「晨星」，都算是「陽線晨星」。

圖 6-10　　　　　　　　　　　　　　　　　　　　　　（圖片資料來源：XQ 全球贏家）

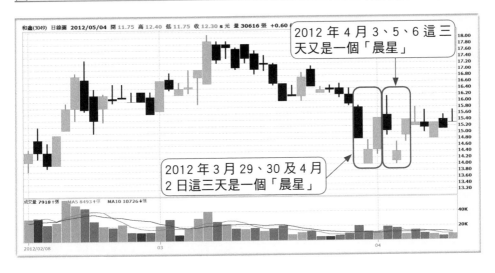

表 6-11

時間	開盤價	最高價	最低價	收盤價	成交量	MA5	MA10
2012/3/29	15.8	15.85	14.8	14.8	19270	8711	11018
2012/3/30	14	14.75	14	14.45	11796	10113	10559
2012/4/2	14.45	15.45	14.3	15.45	10751	11340	9614
2012/4/3	15.55	16.15	14.9	15.05	18197	13758	10672
2012/4/5	14.1	14.7	14	14.4	16178	15238	11239
2012/4/6	14.9	15.4	14.7	15.4	7874	12959	10835

2012 年 3 月 29 日到 4 月 6 日「和鑫」連續經歷了兩個「晨星」的組合。

接著，我們再看看圖 6-11，「順達科」（3211）在 2012 年 4 月 3 日、5 日以及 6 日，這三個連續的交易日，也是「陽線晨星」的 K 線組合。

「順達科」是一檔上市公司電子股。屬於車用電池概念股。它也算是「富櫃 50 指數」的一項商品。股本 15.17 億。

圖 6-11

（圖片資料來源：XQ 全球贏家）

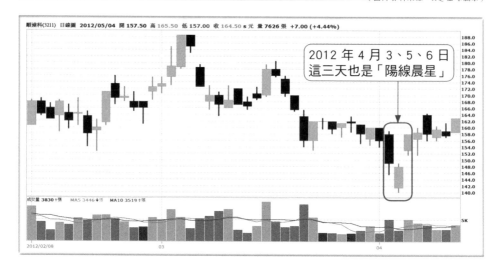

表 6-12

時間	開盤價	最高價	最低價	收盤價	成交量	MA5	MA10
2012/4/3	158	159	145.5	149	5025	2938	3419
2012/4/5	141.5	149	140	148	2540	3082	2821
2012/4/6	153	158	151.5	158	5025	3592	2772

2012 年 4 月 3、5、6 日「順達科」的三個連續交易日，是「陽線晨星」組合。

再來看看圖 6-12，「松翰」（5471）在 2012 年 4 月 3 日、5 日以及 6 日，這三個連續交易日的情況，和「和大」這一檔股票一樣，也是類似「陽線晨星」的 K 線組合。

「松翰」是一家上櫃公司的電子股。它也是一檔 IC 設計概念股，股本 16.79 億。

圖 6-12 （圖片資料來源：XQ 全球贏家）

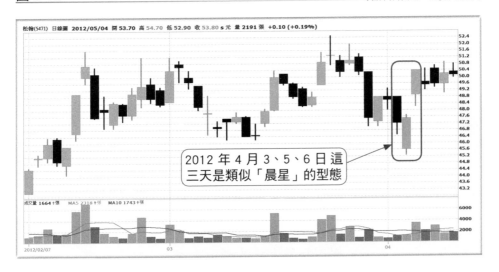

2012 年 4 月 3、5、6 日這三天是類似「晨星」的型態

表 6-13

時間	開盤價	最高價	最低價	收盤價	成交量	MA5	MA10
2012/4/3	48.8	48.8	46.5	47.2	1096	1104	1968
2012/4/5	45.6	47.7	45.25	47.5	1110	1168	1983
2012/4/6	48.9	50.4	48.2	50.4	3450	1416	1913

2012 年 4 月 3、5、6 日「順達科」的三個連續交易日，是「陽線晨星」組合。

抓對買進時機，兩個月可賺六成多

請看圖 6-13，「正文」是一檔上櫃公司的電子股，也是數位電視概念股之一。在集團股裡，它是屬於聯華神通集團的個股。它的股本不算小，有 30.99 億元。可是，依筆者的「經驗值」來看，它的股性似乎有「飆股血統」，常常不知不覺的，就漲了一大段。

例如，「正文」日線圖，在 2011 年 12 月 19 日、20 日、21 日這三天，便是一個「陰線晨星」的組合；在 2012 年 3 月 6、7、8 日，又是一個「晨星」；到了 2012 年 4 月 3、5、6 日這三天，還是一個「晨星」！我從「正文」的走勢，看出一些端倪：

一、連三次晨星，都暗合大盤轉折點：

「正文」幾次「晨星」發生的時間，都與大盤的轉折點一致，可以看出它的股價走勢完全合乎「順流」的節奏。2011 年 12 月 19 日、20 日、21 日這三天、2012 年 3 月 6、7、8 日這三天、2012 年 4 月 3、5、6 日這三天，都正好是大盤的轉折之處。

二、股本不算小，但成交量卻也不大：

30.99 億不是小型股，但它的成交量也並不大，所以護盤比較容易，想要拉抬也比較容易。一般高手要過濾掉的股票，通常是 5 元以下的價格、1000 張以下的成交量。因為出入太不便了。「正文」

卻進出方便，不太大也不太小的量，頗適合作為炒股的標的物。

三、公司派護盤，常定期買回庫藏股：

2008 年 2 月 15 日，買回 6000 張股票；同年 7 月 2 日，又買回 3000 張；2010 年 5 月 31 日，再買回 13000 張；今年（2012 年）4 月 10 日，又預定在 4 月 11 日到 6 月 10 日期間，買回 10000 張「庫藏股」（預定買價區間是 22 元～ 32 元）。

像這樣籌碼穩定的股票，確實頗適合上班族朋友長期持有。

我們看它 2011 年 12 月 19 日、20 日、21 日這三天的最低點 18.85 元，到 2012 年 2 月 20 日的高點 30.85 元，才短短兩個月的時間，漲幅就有 63.66%，獲利已經相當驚人了！

圖 6-13　　　　　　　　　　　　　　　　　　　（圖片資料來源：XQ 全球贏家）

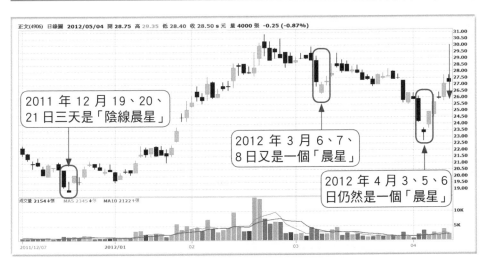

下面介紹的「越峰」（8121），也是一檔經常出現在筆者鎖定的「強勢股」中的股票，換句話說，只要價位在 50 元以下，它就是一檔很容易被拉漲停的股票。所以，買進時機很重要。等到高檔才買，明牌就不靈了。

　　和「正文」（4906）一樣，「越峰」也是上櫃電子股。不過，「越峰」是 LED 的概念股，屬於「台聚集團」的個股，股本很小，只有 16.44 億，所以很好拉抬。很多喜歡搞「隔日沖」的主力，最喜歡玩這種股本小的股票，沒事就把它拉到漲停板，隔一天就全部倒給追高的散戶。散戶不看我的書，就會吃大虧了！筆者在《你的選股夠犀利嗎》一書中警示過善良單純的讀者要小心，請仔細體會，以免受傷。

圖 6-14　　　　　　　　　　　　　　　　　（圖片資料來源：XQ 全球贏家）

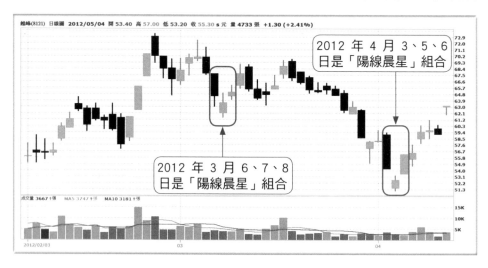

表 6-17

時間	開盤價	最高價	最低價	收盤價	成交量	MA5	MA10
2012/3/6	67.7	67.7	63	64.5	4306	5427	7052
2012/3/7	62.1	65	61.5	63.6	3882	4978	5950
2012/3/8	64.5	66.1	64	65.1	3755	4571	5445

2012 年 3 月 6、7、8 日「越峰」的三個連續交易日,是「晨星」組合。

表 6-18

時間	開盤價	最高價	最低價	收盤價	成交量	MA5	MA10
2012/4/3	59.1	59.4	54.2	54.2	3499	2614	2670
2012/4/5	51.5	53.3	51.1	52.7	2535	2773	2645
2012/4/6	53.5	56.3	53.5	56.3	2132	2616	2552

2012 年 4 月 3、5、6 日「越峰」的三個連續交易日,是「晨星」組合。

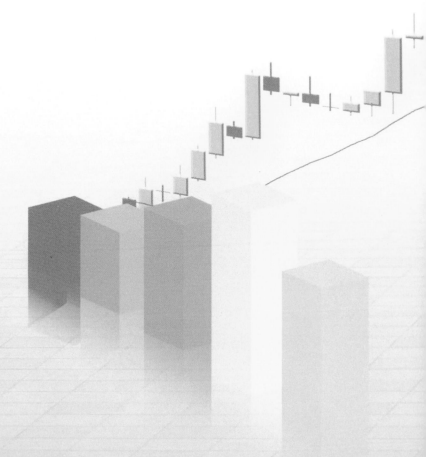

chapter 7

買賣時機精準
密碼③—跳空
缺口

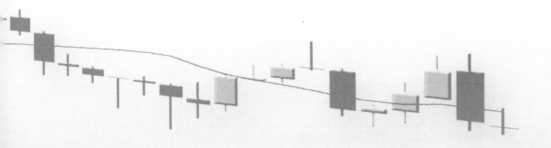

▶*Point* **01 缺口理論的精髓，攸關買點**

　　K線可當作股價多空參考依據之一，其中「缺口理論」更是判斷股價強弱的指標。但是，很多人知道「缺口」理論，卻常常語焉不詳或一知半解。其實在股票看盤時，這是很重要的觀念，不可不明；如果研究得透徹，它甚至可以判斷未來的走勢或高低點。

　　缺口按照位置不同，可分為普通缺口、突破缺口、持續缺口（或稱中繼缺口、測量缺口）和竭盡缺口等幾種。也有人把底部之後上攻的缺口，以及頭部之後下挫的缺口，稱為「起始缺口」或「起跌缺口」；而把頭部以及空方起始缺口之後的中繼缺口，稱為「逃逸缺口」。

圖 7-1

（圖片資料來源：XQ 全球贏家）

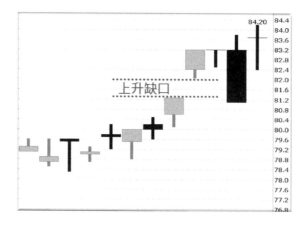

圖 7-2　　　　　　　　　　　　　　　　　　（圖片資料來源：XQ 全球贏家）

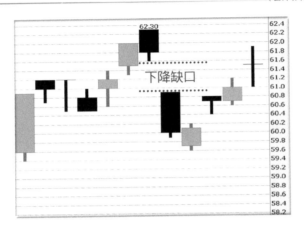

▶Point 02　缺口所在位置，決定該買或該賣

　　多頭市場中，一般都是依照這樣的順序：底部→起始缺口→中繼缺口→竭盡缺口→頭部。而空頭市場中則是：頭部→起始缺口→逃逸缺口→竭盡缺口→底部。多空如此循環不已、生生不息。

　　現在請看圖 7-3，大盤的加權指數位置明顯已經來到頭部了，依筆者在 2012 年 4 月 23 日盤後的觀察，尚未發現空頭市場的中繼缺口（逃逸缺口），依目前看，似乎還會有盤跌的情形。即使線型上會有反彈（小紅），也不見得是極佳的中長期買點。必須等「逃逸缺口」、「竭盡缺口」一一出現後，才會是絕佳的好買點。雖然從 8170 點摔下來，許多用融資買賣股票、手上滿檔股票的人已經跌得鼻青臉腫，但仍不意味著已經止跌。

圖 7-3 　　　　　　　　　　　　　　　　　　　　　（圖片資料來源：XQ 全球贏家）

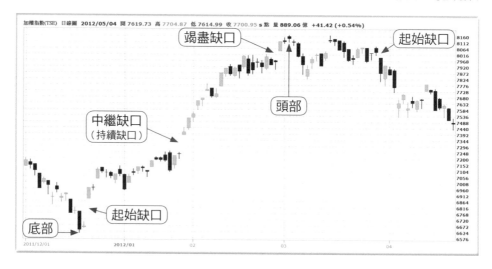

　　三、見圖 7-3，2011 年 12 月 19 日的 6609 點之前，有由「竭盡缺口」帶下來的、一連串的下跌 K 線組合，到了 2011 年 12 月 19 日終於出現一條認賠殺出「豁出去了」的長陰線。隔天出現小紅，再隔一天跳空長紅。這三天的 K 線組合成「多頭母子線」的特徵，2011 年 12 月 20 日與 2011 年 12 月 21 日之間的缺口，最終又沒有被回補，是標準的「起始缺口」。所以筆者才斷定為由空轉多的真正底部區。

　　四、筆者認為 2011 年 12 月 20 日的高點 6696.93 點到 2011 年 12 月 21 日的低點 6878.63 之間的缺口，未來應該不會被回補。簡單地說，大盤將不應該跌破 6696 點才對！（2012 年 5 月 17 日加權指數已經從 8170 點下跌到 7234 點了，大家拭目以待吧！）

▶ Point 03　打開黑盒子，12 個缺口大拆解

　　筆者既然已經認定 2011 年 12 月 19 日的 6609 點，是底部區，那麼我們繼續來探討，從 2011 年 12 月 19 日最低點開始至今的缺口涵義。我們看筆者所圈選的「缺口」，到 2012 年 4 月 24 日為止，總共有 12 個缺口。

　　我們把每一個缺口的涵義都確定下來，便知道現在「跌夠了沒有」。顯然目前還在盤跌中，空頭的局面並未終止。這就是「研判」！如果您對「缺口」沒有深入了解，是不敢分類的。

圖 7-5　　　　　　　　　　　　　　　　　　　　（圖片資料來源：XQ 全球贏家）

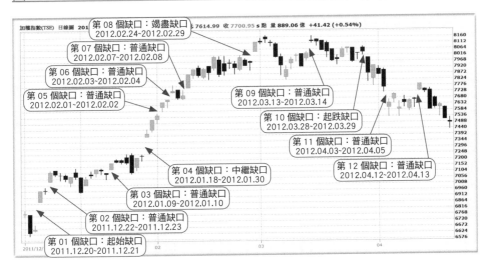

2011 年 12 月 19 日：最低來到 6609.11 點，多頭的底部形成。

2011 年 12 月 20 日～ 12 月 21 日：這是第 1 個缺口，是多頭的「起始缺口」。

2011 年 12 月 22 日～ 12 月 23 日：這是第 2 個缺口，只是普通缺口。

2012 年 1 月 9 日～ 1 月 10 日：這是第 3 個缺口，只是普通缺口。

2012 年 1 月 18 日～ 1 月 30 日：這是第 4 個缺口，是多頭的「中繼缺口」。

2012 年 2 月 1 日～ 2 月 2 日：這是第 5 個缺口，只是普通缺口。

2012 年 2 月 3 日～ 2 月 4 日：這是第 6 個缺口，只是普通缺口。

2012 年 2 月 7 日～ 2 月 8 日：這是第 7 個缺口，只是普通缺口。

2012 年 2 月 24 日～ 2 月 29 日：這是第 8 個缺口，是多頭的「竭盡缺口」。

2012 年 3 月 2 日：最高來到 8170.72 點，多空雙方的頭部形成。

2012 年 3 月 13 日～ 3 月 14 日：這是第 9 個缺口，只是普通缺口。這個缺口，也可以說是多方的「逃命缺口」。當「逃命缺口」出現時，緊接著就是空頭行情確立，這時多頭必須退出觀望，否則會覺得股票越來越難做了！

2012 年 3 月 28 日～ 3 月 29 日：這是第 10 個缺口，是空頭的「起跌缺口」。

2012 年 4 月 3 日～ 4 月 5 日：這是第 11 個缺口，只是普通缺口。

2012年4月12日～4月13日：這是第12個缺口，只是普通缺口。

由筆者如此的「細部拆解」，讀者應該可以悟出，從2012年3月29日開始，又是「放空賺更多」的局面了！如果您最近一直感到很痛苦，顯然您是作多的。作多的人在這段時間內，您會懷疑自己的選股能力，因為您總是選到強勢股，而又常常碰到「一日行情」，對不對？在空頭掌控的時候，強勢股早晚會「補跌」的，千萬莫存樂觀期待！

▶Point 04 何時大多頭與大空頭 獨家揭秘

為什麼說「缺口」對於大盤的走勢、個股的多空纏鬥，有決定性的影響力呢？主要是股票位置的問題。舉例來說，「長紅K線」出現時，是該買還是該賣呢？不一定。要看它的位置。在低檔區突然出現長紅線、成交量大增、突破前面下跌K線的高點時，這是一個很好的買進訊號；可是，如果在高檔大量長紅時，因有可能獲利賣壓出籠、主力拉高出貨、多頭最後賣力衰竭了，所以反而不宜搶高追價，更不能加碼買進。很多人都在這種關鍵處失策了。所以，缺口理論的精髓就在研判位置、觀察買賣時機。

一般來說，越是短天期的K線，越容易找到「跳空缺口」的訊息。好比「日線圖」，跳空的機會很多，不論股價往上或往下，都有「上

升缺口」或「下降缺口」，可資參考。然而，週線就較少了，而月線圖更少了。

但是，越是長天期的資料越有意義，而且可以看出一些奧秘。

我有很多朋友在 2000 年的大空頭時期賠了一屁股的錢，因為他在那年，並無法知道股票的整體方向，是該長抱呢？還是該減量經營？是該做多呢？還是做空？

讓筆者告訴您一個獨門秘招：觀察月 K 線！

請看圖 7-6，在 1999 年 12 月與 2000 年 1 月之間，有了一個「竭盡缺口」，這個缺口處於高點，所以是多頭的「竭盡缺口」，別看 2000 年 1 月是一個「長紅」的 K 線，它後面接下來的可是要命的行情啊！這個秘招的重要觀察重點，就是它處於什麼樣的位置？答案是：高點！前面說過，當「長紅 K 線」出現時，是該買還是該賣呢？不一定。要看它的位置。在低檔區突然出現長紅線、成交量大增、突破前面下跌 K 線的高點時，這是一個很好的買進訊號；可是，如果在高檔大量長紅時，因有可能獲利賣壓出籠、主力拉高出貨、多頭最後賣力衰竭了，所以反而不宜搶高追價，更不能加碼買進。

月線圖裡很少有缺口的，這裡卻提示了一個訊息：有人在拉高出貨！我們看 2000 年的 2 月有一個非常接近「高檔長黑線」，這是一個噩耗啊！它警告我們：空頭的主力部隊，已光臨大駕！

圖 7-6　　　　　　　　　　　　　　　　　　（圖片資料來源：XQ 全球贏家）

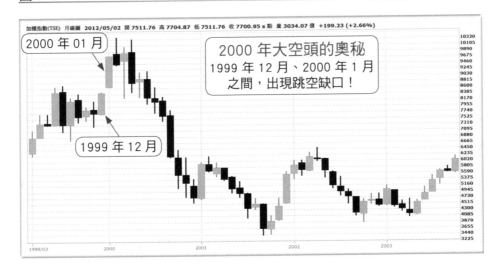

圖 7-7　　　　　　　　　　　　　　　　　　（圖片資料來源：XQ 全球贏家）

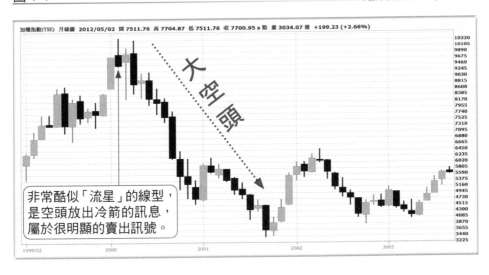

2000年的2月的K線，下影線非常短，開9829點、高10393點、低9407點、收9435點。在月線裡，只有28點的下影線，幾乎等於「流星」了。

　　什麼叫做「流星」呢？就是上面一根避雷針似的上影線，黑實體小小的，沒有下影線。順便在這裡介紹一下，「流星」必須在大漲一段之後出現才算數。在盤整或下跌過程中出現的K線，也不算數。請看圖7-9，1997年8月27日的高點10256點，就是「流星」最標準的K線！殺傷力極大，從10256點，跌到7040.54點（1997年10月29日），才告止跌，一口氣跌掉了3216點！

圖 7-9

（圖片資料來源：XQ 全球贏家）

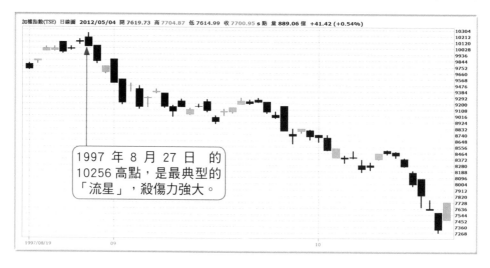

1997 年 8 月 27 日的 10256 高點，是最典型的「流星」，殺傷力強大。

▶Point 05 「缺口」的秘密 藏在月K線裡

說完了 2000 年大空頭的奧秘之後，我們再來舉一個「用月K線洞悉大多頭或大空頭的奧秘」，那就是：如何預知 2009 年的大多頭行情？

2009 年的大多頭行情，凡是用心在操作股票的人都知道。那真是絕佳的投資好時機，很容易賺錢的。您知道它也可以用「缺口理論」來印證這個機密的嗎？

讓我告訴您，「缺口」的秘密就藏在月K線裡！

您自己知道就好！千萬別向那些不謙虛的資深股市老手炫耀，因為您告訴他之後，他會笑一笑說，這有什麼，我早就知道了；或者告訴你，「我也是這樣觀察的」。其實，您不說，他根本不知道。他只是領悟得比您快而已。您因為是股市新手，沒有一般的基礎知道，所以聽說之後還得琢磨琢磨，而他因為實戰經驗豐富，所以一聽就懂了。

所以，我一說，他立刻知道；我不說，他未必曉得！股市的機密，有時就是幾句話就能講清楚的，只是會講的、願意講的人比較少而已。

知難行易，學習領悟比創造發明也容易多了。

如果您注意一下，可以發現月K線有「跳空缺口」的線型並不多見，這就是精髓所在。2009 年 4、5 月間所以形成「跳空缺口」

並非偶然，因為月K線是一個月的平均數據，那是多少人的共同行為造成的，非常具有參考性。

據我看，那是「有識之士」、「有權勢者」或「深諳內幕人士」的共同結晶，造成了這樣的「缺口」，這樣的缺口並非「空穴來風」。我們要想知道可能的演變，就是根據它的所在位置，以及罕見的「缺口」現象，來加以研判這樣的訊息。例如2009年4、5月便是3955點的底部上來的，所以這是「多頭的起始缺口」，自然是「買進時機」，與1999年12月、2000年1月的「多頭的竭盡缺口」是「賣出時機」，顯然有非常不同的結果。

在本書末尾，筆者提出這樣小小的心得，希望您能舉一反三，並引起您更深入研究的興趣。謝謝！

圖 7-12

（圖片資料來源：XQ 全球贏家）

投資經典系列

巴菲特股票投資策略
定價：380元

作者：劉建位 經濟學博士

儘管巴菲特經常談論投資理念，卻從不透露操作細節，本書總結巴菲特40年經驗，透過歸納分析與實際應用印證，帶領讀者進入股神最神秘、邏輯最一貫的技術操作核心。

作手
定價：420元

作者：壽江

中國最具思潮震撼力的金融操盤家「踏進投機之門十餘載的心歷路程，實戰期貨市場全記錄，描繪出投機者臨場時的心性修養、取捨拿捏的空靈境界。」

幽靈的禮物
定價：420元

作者：亞瑟・辛普森

美國期貨大師「交易圈中的幽靈」、「交易是失敗者的遊戲，最好的輸家會成為最終的贏家。接受這份禮物，你的投資事業將重新開始，並走向令你無法想像的坦途。」

【訂購資訊】　http://www.book2000.com.tw

郵局劃撥：帳號/19329140 戶名/恆兆文化有限公司

ATM匯款：銀行/合作金庫(代碼006)/三興分行/1405-717-327091

貨到付款：請來電洽詢　☎ TEL 02-27369882　📠 FAX 02-27338407

電話郵購買越多本折扣越多，歡迎洽詢

恆兆文化@PCHOME商店街 http://www.pcstore.com.tw/book2000/

投資好書、富足人生

購買恆兆圖書的 4 種方法

第 1 種
`貨到付款`
請打 02.27369882 由客服解說。

第 2 種
`劃撥郵購`
劃撥帳號　19329140
戶名　恆兆文化有限公司

第 3 種
`PCHOME`
（可選擇信用卡）
請上 恆兆文化@PCHOME商店街
http://www.pcstore.com.tw/book2000/

第 4 種
`上網訂購`
請上 www.book2000.com.tw

第 5 種
`來電或傳真`
由銀行ATM匯款
銀行代碼(006) 合作金庫 三興分行
銀行帳號 1405-717-327-091
戶名　恆兆文化有限公司
電話　02.27369882
傳真　02.27338407

貨到付款，享折扣＋免運費

方天龍實戰秘笈系列

實戰秘笈①：你的選股夠犀利嗎？ 定價399元

實戰秘笈②：你的股票買賣時機精準嗎？ 定價399元

實戰秘笈③：你抓得住漲停板嗎？ 定價399元

實戰秘笈④：股票＋權證必殺技 定價399元

實戰秘笈⑤：7個避險策略 定價399元

【訂購資訊】　http://www.book2000.com.tw

郵局劃撥：帳號/19329140 戶名/恆兆文化有限公司

ATM匯款：銀行/合作金庫(代碼006)/三興分行/1405-717-327091

貨到付款：請來電洽詢　TEL 02-27369882　FAX 02-27338407

電話郵購買越多本折扣越多，歡迎洽詢

恆兆文化@PCHOME商店街　http://www.pcstore.com.tw/book2000/

股票超入門 第 1 集
技術分析篇
定價：249元

K線、移動平均線還有常聽到投顧老師說的像是圓形底、M頭、跳空等等，初學者一定要會的基本技術分析功力，作者採圖解＋實例解說的方式為說明。是每一位初入門者必學的基本功。

股票超入門 第 2 集
看盤選股篇
定價：249元

新手常常面臨到一個窘境，明明已經練好功夫準備一展身手，一面對盤勢時……天吶，數字跳來跳去，股票又上千檔，我該如何下手呢？本書有詳細的步驟範例，教你看盤＋選股。

股票超入門 第3集
基本分析篇
定價：249元

主要是討論企業的財務報表與如何計算
公司的獲利能力與合理股價。雖然它不
像線圖或消息面那樣受到散戶的重視，
卻是任何一位投資者都必需具備的基本
功，就像打拳得先練內力一樣。

股票超入門 第4集
當沖大王
定價：450元

面對市場的詭譎不定，不少投資人最後
採取每天沖銷，既省事晚上又睡得好。
然而，做當沖比一般投資更需要技術，
尤其要完全摸透主力的心思。投資人需
要的是高手的實戰典範，而非理論。

股票超入門 第5集
波段飆股
定價：399元

淺碟型的台股很難用國外長期投資的思
維進行交易，而對一般非職業的投資人
而言，短線又照顧不到，波段交易是最
常見的投資策略。不全採多頭思維，看
懂波段行情，一段一段多空都賺。

股票超入門 第6集

K線全解

定價：249元

　K線，是初學股票者的第一塊敲門磚，但你過去所學的K線，有可能因為這本書而完全顛覆，最重要的原因是過去你所學的K線看圖法可能不夠「細」也不夠「活」，這是口碑超級好的一本書。

股票超入門 第7集

投資技巧

定價：249元

支撐與壓力的判斷、量與價的搭配，這兩大主題本書有詳細的解說。交易，不可能把把賺，但了解那一區塊是支撐那一區塊是壓力，其中成交量的變化如何，卻可以讓投資者大大提高勝率。

股票超入門 第8集

短線高手

定價：249元

本書著重在一位短線高手的「隔日沖」
交易細節大公開，雖然這是一套很「有
個性」的交易方法，但本書發行以來好
評不斷，看到別人的交易方法，自己的
交易思維可以進一步提升。

股票超入門 第10集

股票超入門 第9集

主力想的和你不一樣

定價：299元

作者以其自身的經歷與操盤經驗，白描
他所認識的主力操盤思維。其中融合了
一位與作者曾經很熟識的天王主力與作
者訪問過的３０位法人主力。創新的內
容，是台股投資人不可或缺的一本書。

籌碼細節

定價：349元

新聞可以騙、線圖可以騙、投顧老師更
不乏騙子之徒，所以，只要是高手，沒
有不必然看籌碼的。至於怎麼看？「細
節」才是重點!活逮主力、輕鬆搭轎，就
從捉住籌碼細節開始。

股票超入門 第11集

融資融券

定價：249元

新手搞半天還是對融資融券一知半解嗎?這是台灣股票書史上，目前為止對於融資融券的實務介紹得最完整、資料最新的一本書。此外，有關資、券實戰一步一步的教授，沒有20年的操盤功力是絕對寫不出來的。

股票超入門 第12集

放空賺更多

定價：349元

2011年初，作者從台股盤面的幾個訊號，就已經預告當年台股是「放空年」。
你知道放空時機如何掌握嗎?作者數十年的操盤經驗，教你如何捉準時機大賺放空財。

股票超入門 第13集

非贏不可

定價：399元

6個 投資逆轉勝的故事
沒有人天生就是交易贏家，編輯部以第一人稱的敘述寫法，專訪六位期貨、股票贏家，暢談他們從菜鳥期、學習期、提升期到成熟期的交易心得與方法。

股票超入門 第14集

以股創富 101個關鍵字

定價：249元

學習別人暴富經驗前，先學習傳承百年的經典理論。
掌握股價圖的主幹、著重點，細細的讀才有效。
對初學者在理論與實務上均有詳細解說。

· 國家圖書館出版品預行編目資料

方天龍實戰秘笈系列2：你的股票買賣時機精準嗎？ /方天龍 著.

-- 臺北市：　　　　　　　　　　　　恆兆文化，2012.06

192面； 17公分×23公分　　　　（方天龍實戰秘笈系列；2）

　　　ISBN 978-986-6489-35-8　（平裝）

　　　1.股票投資　2.投資技術　3.投資分析

563.53　　　　　　　　　　　　　101007292

方天龍實戰秘笈系列 2：

你的股票買賣時機精準嗎？

出 版 所	恆兆文化有限公司
	Heng Zhao Culture Co.LTD
	www.book2000.com.tw
發 行 人	張正
作 者	方天龍
封 面 設 計	尼多王
責 任 編 輯	文喜
插 畫	韋懿容
電 話	＋886-2-27369882
傳 真	＋886-2-27338407
地 址	台北市吳興街118巷25弄2號2樓
	110,2F,NO.2,ALLEY.25,LANE.118,WuXing St.,
	XinYi District,Taipei,R.O.China
出 版 日 期	2012/06初版，2015/11初版二刷
Ｉ Ｓ Ｂ Ｎ	978-986-6489-35-8(平裝)
劃 撥 帳 號	19329140 戶名 恆兆文化有限公司
定 價	399元
總 經 銷	聯合發行股份有限公司 電話 02-29178022

特別銘謝：
本書採用之技術線圖與資料查詢畫面提供：
嘉實資訊股份有限公司

網址：http://www.xq.com.tw